O manual de
EPITETO
e uma seleção de discursos

O manual de
EPITETO
e uma seleção de discursos

EPITETO

O manual de EPITETO
e uma seleção de discursos

Tradução
Fábio Meneses Santos

Principis

Esta é uma publicação Principis, selo exclusivo da Ciranda Cultural
© 2021 Ciranda Cultural Editora e Distribuidora Ltda.

Traduzido do inglês
A Selection from the Discourses of Epictetus with the Encheiridion, traduzido para o inglês por George Long

Produção editorial
Ciranda Cultural

Diagramação
Linea Editora

Tradução
Fábio Meneses Santos

Design de capa
Ana Dobón

Preparação e Revisão
Fernanda R. Braga Simon

Imagens
fran_kie/shutterstock.com

Revisão
Renata Daou Paiva

Dados Internacionais de Catalogação na Publicação (CIP) de acordo com ISBD

E643m	Epiteto
	O manual de Epiteto e uma seleção de discursos / Epiteto; traduzido por Fábio Meneses Santos. - Jandira, SP : Principis, 2021. 160 p. ; 15,50cm x 22,60cm. (Clássicos da Literatura Mundial)
	Título original: A Selection from the Discourses of Epictetus With the Encheiridion ISBN: 978-65-5552-572-4
	1. Filosofia. 2. Discurso. 3. Educação. 4. Ética. 5. Conselhos. 6 Ensino. I. Santos, Fábio Meneses. II. Título.
2021-0054	CDD 107 CDU 37.01

Elaborado por Lucio Feitosa - CRB-8/8803

Índice para catálogo sistemático:
1. Filosofia : 107
2. Filosofia : 37.01

1ª edição em 2021
www.cirandacultural.com.br
Todos os direitos reservados.
Nenhuma parte desta publicação pode ser reproduzida, arquivada em sistema de busca ou transmitida por qualquer meio, seja ele eletrônico, fotocópia, gravação ou outros, sem prévia autorização do detentor dos direitos, e não pode circular encadernada ou encapada de maneira distinta daquela em que foi publicada, ou sem que as mesmas condições sejam impostas aos compradores subsequentes.

SUMÁRIO

Epiteto 7
O *Encheiridion*, ou *Manual* 11
Uma seleção dos discursos de Epiteto 43

Epiteto

Muito pouco se sabe sobre a vida de Epiteto. Dizem que ele era natural de Hierápolis, na Frígia, uma cidade entre o Meandro e um braço do mesmo rio chamado de Lico. Hierápolis é mencionada na epístola de Paulo aos Colossos (Colossos iv., 13); da qual se concluiu que havia uma igreja cristã em Hierápolis na época do apóstolo. A data de nascimento de Epiteto é desconhecida. O único fato registrado do início de sua vida é que ele era escravo em Roma, e seu senhor era Epafrodito, um esbanjador liberto pelo imperador Nero. Há uma história que conta como o mestre quebrou a perna de seu escravo após uma sessão de torturas; mas é melhor confiar nas provas de Simplício, o especialista no *Encheiridion*, ou *Manual*, que diz que Epiteto tinha o corpo fraco e mancava desde a infância. Ninguém sabe em que circunstâncias ele se tornou um escravo; mas tem sido um consenso em tempos modernos que os seus pais venderam a criança. Não encontrei, entretanto, nenhuma autoridade que pudesse confirmar essa declaração.

Pode-se supor que o jovem escravo demonstrava inteligência superior, pois seu mestre o enviou ou permitiu que frequentasse as aulas de C. Musônio Rufo, um eminente filósofo estoico. Pode parecer estranho que um mestre quisesse que um de seus escravos pudesse se transformar em filósofo; mas Garnier, o autor da *Mémoire sur les Ouvrages d'Epictète*, explica esse assunto muito bem em uma comunicação enviada a Schweighaeuser. Garnier afirma: "Epiteto, nascido em Hierápolis, na Frígia, de pais pobres, aparentemente estava obrigado pelas vantagens de uma boa educação levada ao capricho, que era comum no período final da República e sob o regime dos primeiros imperadores, em meio às figuras prominentes de Roma contavam, entre seus numerosos escravos, gramáticos, poetas, retóricos e filósofos, do mesmo modo que os ricos financistas em tempos mais recentes foram influenciados a criar com grandes investimentos numerosas bibliotecas. Esta suposição é a única que pode explicar como uma criança desprezível, nascida tão pobre quanto Irus, pôde receber uma boa educação, e como um rígido estoico era escravo de Epafrodito, um dos oficiais da guarda imperial. Pois não podemos suspeitar que tenha sido por alguma predileção pela doutrina estoica, e para seu próprio uso, que o confidente e ministro encarregado das devassidões de Nero teria desejado contar com um escravo assim".

Alguns autores acreditam que Epiteto foi alforriado por seu mestre, mas não encontrei nenhuma prova para essa afirmação. Epafrodito acompanhou Nero quando ele fugiu de Roma antes da chegada de seus inimigos, e auxiliou o tirano infeliz a se matar. Domiciano (Suetônio, Domiciano, 14) posteriormente condenou Epafrodito à morte por ter prestado esse serviço a Nero. Podemos concluir que Epiteto de algum modo tornou-se livre e que começou a lecionar em Roma; mas somente depois da expulsão dos filósofos de Roma por Domiciano, em 89 a.C., ele se mudou para Nicópolis, em Épiro, uma cidade que foi construída por Augusto para comemorar a vitória em Ácio. Epiteto abriu uma escola ou sala de aula em Nicópolis, onde lecionou até quando estava em idade avançada. A hora de sua morte é desconhecida. Epiteto nunca se casou, como soubemos por Lucian (Demonax, cap. 55, tomo ii., Editora Hemsterh., p. 393). Quando Epiteto discordava frontalmente de Demonax, e tendo-o aconselhado a ter uma esposa e gerar filhos, pois isso também, como dizia Epiteto, era o dever de um filósofo, deixar em seu próprio lugar um outro ser no universo, Demonax refutou a doutrina, respondendo: "Dê-me então, Epiteto, a mão de uma de suas próprias filhas". Simplicius diz (Comentários, cap. 46, Schweighaeuser.) que Epiteto viveu sozinho por um longo tempo. Finalmente acolheu uma mulher em sua casa como babá para uma criança, o que um dos amigos de Epiteto iria expor por causa de sua pobreza, mas Epiteto pegou a criança para si e a criou.

Epiteto não escreveu nada; e tudo o que temos com seu nome, Fócio (*Bibliotheca*, p. 58) menciona entre as obras de Arriano "Conversas com Epiteto" [do grego: *Homiliai Epichtaeton*], em doze livros. Upton acredita que este trabalho seja apenas um outro nome para os *Discursos*, e que Fócio cometeu o erro de considerar as *Conversas* uma obra diferente dos *Discursos*. Mesmo assim, Fócio enumerou oito livros dos *Discursos* e doze livros das *Conversas*. Schweighaeuser observa que Fócio não tinha visto essas obras de Arriano sobre Epiteto, assim ele conclui com base nas breves menções a essas obras por Fócio. O fato é que Fócio não diz que ele leu esses livros, como geralmente o faz quando fala sobre os livros que enumera em sua *Bibliotheca*. A conclusão é que não temos certeza de que tenha havido alguma obra de Arriano chamada *Os diálogos de Epiteto*.

Upton comenta, em uma nota em iii., 23 (p. 184, trad.), que "há muitas passagens nessas dissertações que trazem ambiguidades ou que seriam bastante confusas por causa dos assuntos pequenos, e porque o assunto não se expande por copiosidade oratória, para não mencionar outras causas". Os discursos de Epiteto, ao que se supõe, foram proferidos de improviso e, portanto, uma coisa após a outra estaria nos pensamentos do narrador (Wolf). Schweighaeuser também comenta em uma nota (ii., 336 de sua edição) que a conexão do discurso é às vezes obscura, pois omite algumas palavras necessárias para indicar a conexão dos pensamentos. O leitor descobrirá que nem sempre conseguirá compreender Epiteto, caso não o leia com muito cuidado, e algumas passagens mais de uma vez. Ele deve também pensar e refletir, ou perderá boa parte dos significados. Não digo que o livro valha todo esse trabalho. Cada um que julgue por si mesmo. Mas eu não teria traduzido o livro se não o considerasse digno de estudo; e acho que todos os livros desse tipo requerem uma leitura cuidadosa, se é que vale realmente a pena lê-los.

George Long

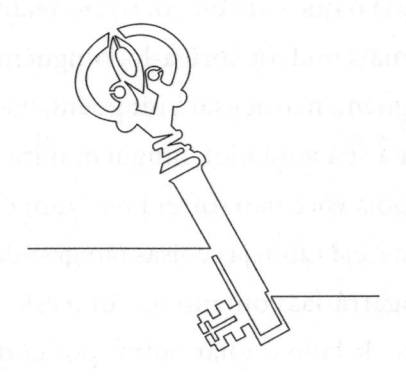

O *Encheiridion*, ou *Manual*

1

Das coisas, algumas estão em nosso poder, e outras não estão. Em nosso poder estão a opinião [do grego: *hupolaepsis*], o movimento na direção a um objeto [do grego: *hormae*], o desejo, a aversão [do grego: *echchlisis*], o afastamento de alguma coisa; e, em uma palavra, quaisquer que sejam nossos atos. Não estão em nosso poder o corpo, a propriedade, a reputação, os cargos (poder magisterial) e, em uma palavra, o que não são nossos próprios atos. E as coisas em nosso poder são por natureza livres, não sujeitas a restrições ou impedimentos; mas as coisas que não estão em nosso poder são fracas, servis, sujeitas a restrições, sob o poder de outros. Lembre-se, então, de que, se você pensa que as coisas que são por natureza servis sejam livres, e as coisas que estão sob o poder de outros sejam suas, você será impedido, lamentará, será perturbado, irá culpar deuses e homens; mas, se você acredita que só o que é seu é seu, e se acredita que o que é de outro, como realmente é, pertence ao outro, ninguém jamais poderá obrigá-lo, ninguém irá impedi-lo, você nunca culpará ninguém, não acusará ninguém, não fará nada involuntariamente (contra a sua vontade), ninguém o irá prejudicar, não terá nenhum inimigo, pois você não sofrerá nenhum dano.

Se, então, você deseja (almeja) coisas tão grandes, lembre-se de que não deve (tentar) agarrá-las com um mínimo esforço; mas deve deixar algumas totalmente de lado e adiar outras por enquanto. Mas, se você também deseja essas coisas (tais grandes coisas), e o poder (cargo) e riqueza, talvez você não ganhe nem mesmo estas (poder e riqueza) porque você visa também àquelas anteriores (grandes coisas); certamente você falhará nas coisas por meio das quais a felicidade e a liberdade são garantidas. Pratique imediatamente, então, para cada aparência rude: você é apenas uma aparência, e de forma alguma o que parece ser. Em seguida, examine-o pelas regras que possui, e por isto primeiro e principalmente, se ele está relacionado com as coisas que estão em nosso poder ou às coisas que não estão em nosso poder; e, caso se refira a algo que não está em nosso poder, esteja pronto para dizer que não diz respeito a você.

2

Lembre-se de que o desejo contém em si a profissão (esperança) de obter o que se deseja; e a profissão (esperança) na aversão (desviando-se de algo) é que você não cairá naquilo que tenta evitar; e aquele que falha em seu desejo é desafortunado; e aquele que cai naquilo que deseja evitar é infeliz. Se, então, você tenta evitar apenas as coisas contrárias à natureza que estão sob o seu poder, não será envolvido em nenhuma das coisas que quisesse evitar. Mas, se você tentar evitar a doença, a morte ou a pobreza, será infeliz. Remova, então, a aversão de todas as coisas que não estão em nosso poder e as transfira para as coisas contrárias à natureza que estão em nosso poder. Mas destrua completamente o desejo por enquanto. Pois, se você deseja algo que não está em nosso poder, você será infeliz; mas das coisas em nosso poder, e que seria bom desejar, nada ainda está diante de você. Mas use apenas o poder de se mover em direção a um objeto e se afastar dele; e esses poderes, na verdade, apenas ligeiramente e com exceções e com remissão.

3

Em tudo que agrada a alma, ou supre um desejo, ou é amado, lembre-se de acrescentar isto (à descrição, noção): qual é a natureza de cada coisa, começando da menor? Se você ama um vaso de barro, diga que é um vaso de barro que você ama; pois, quando for quebrado, você não se incomodará. Se você estiver beijando seu filho ou esposa, diga que é um ser humano que você está beijando, pois, quando a esposa ou filho morrer, você não será incomodado.

4

Quando você for executar qualquer ato, lembre-se de que tipo de ato é. Se você vai tomar banho, imagine diante de si o que acontece em um banho público; alguns espirrando a água, outros empurrando uns aos outros, outros abusando uns dos outros e alguns roubando; e assim, com maior segurança, você se aprofundará no assunto se disser a si mesmo "Agora pretendo me banhar e manter minha vontade de maneira conforme à natureza". E assim você fará a cada ação; pois, desse modo, se qualquer obstáculo ao banho acontecer, que este pensamento esteja pronto. Não era só isso que eu pretendia, mas também pretendia manter minha vontade de algum modo em conformidade com a natureza; mas não a sustentarei assim se estiver irritado com o que acontece.

5

Os homens não são incomodados com as coisas que acontecem, mas com as opiniões sobre essas coisas; por exemplo, a morte não é terrível, pois, se fosse, teria parecido assim para Sócrates; pois a opinião sobre a morte de que ela é terrível é a verdadeira coisa terrível. Quando, então, somos impedidos, perturbados ou entristecidos, nunca devemos culpar os outros, mas a nós mesmos, isto é, nossas opiniões. É a ação de alguém mal instruído culpar os outros por sua própria má condição; é a ação de alguém que começou a receber instrução colocar a culpa em si mesmo; e daquele cuja instrução já foi completada, nem culpar o outro, nem a si mesmo.

6

Não se exalte com nenhuma vantagem (excelência) que pertença a outro. Se um cavalo, quando está exultante, disser "Eu sou bonito", alguém poderia aguentar esse fato. Mas, quando você está exultante e diz "Eu tenho um lindo cavalo", você deve saber que está exultante por ter um bom cavalo. Então, o que é realmente seu? O uso das aparências. Consequentemente, quando no uso das aparências você está em conformidade com a natureza, então esteja feliz, pois estará exultante com algo bom que é realmente seu.

7

Como em uma viagem, quando o navio chega a um porto, se você sai para conseguir água, é uma diversão pegar um marisco ou alguma garrafa, mas sua atenção deve estar voltada para o navio, e você deve vigiar se o capitão começar a chamar de volta, e então você deve livrar-se de todas essas coisas que apanhou para não ser amarrado e jogado no navio como se fosse uma ovelha. Também na vida, se em vez de uma garrafa pequena e uma concha você receber uma esposa e um filho, não haverá nada que impeça (você de levá-los). Mas, se o capitão um dia chamar, corra de volta para o navio e largue todas as coisas sem olhar para trás. Mas, se você for velho, nem mesmo se afaste muito do navio, para que não atrapalhe a partida quando for chamado.

8

Não espere que as coisas que acontecem devam acontecer como deseja; mas deseje que as coisas que acontecem sejam como são, e você terá uma vida tranquila.

9

A doença é um impedimento para o corpo, mas não para a vontade, a não ser que a própria vontade assim escolha. Mancar revela algum impedimento para a perna, mas não para a vontade. E adicione essa reflexão para tudo o que acontece; pois você descobrirá que é um impedimento para outra coisa, mas não para você mesmo.

10

Na ocasião de cada acidente (evento) que acontecer com você, lembre-se de refletir intimamente e se perguntar que poder você tem para transformá-lo em algo útil. Se encontrar um homem ou uma mulher justa, descobrirá que o poder de resistir é a temperança (continência). Se o trabalho de parto (dor) se apresentar para você, descobrirá que requer uma ação de resistência. Se ouvir palavras abusivas, descobrirá que necessitam de paciência. E, se você tiver assim adquirido o hábito (adequado), as aparências não o arrastarão com elas.

11

Nunca diga "Eu perdi algo", mas diga sempre "Eu o restituí". Seu filho morreu? Foi restituído. Sua esposa morreu? Ela foi restituída. Sua propriedade foi tirada de você? Não foi ela então restituída também? Mas aquele que a tirou de mim é um homem mau. Mas o que isso tem a ver com você, de cujas mãos o doador universal a exigiu de volta?

Enquanto ele permitir a você, cuide dela como algo que originalmente pertencia a outro, como os viajantes fazem quando em uma pousada.

12

Se você quer melhorar, jogue fora os pensamentos como os seguintes: "Se eu negligenciar meus negócios, não terei os meios para minha sobrevivência"; "A não ser que eu castigue meu escravo, ele se comportará mal". Pois é melhor morrer de fome e assim se libertar da tristeza e do medo do que viver em abundância e com tormentos diversos; e é melhor que seu escravo seja mau do que você se tornar um homem infeliz. Comece, então, com as pequenas coisas. O óleo foi derramado? Um pouco de vinho foi roubado? Diga, nessas ocasiões, "Por esse preço a liberdade é vendida com as perturbações"; "Por esse preço a tranquilidade foi vendida, mas nada se conquista em troca de nada". E, quando você chamar o seu escravo, pense que é possível que ele não o tenha ouvido e, se ele ouvir, que não fará nada que você deseja. Mas, se as coisas não estiverem muito bem com ele, mas estiverem muito bem com você, que esteja em seu poder não se perturbar.

13

Se você puder se aprimorar, submeta-se a ser considerado sem sentido e tolo a respeito das coisas externas. Deseje ser considerado como ignorante de tudo e, se parecer para alguns que é uma pessoa importante, desconfie de si mesmo. Pois deve saber que não é fácil manter ao mesmo tempo a sua vontade numa condição em conformidade com a natureza e (para assegurar) as coisas externas: mas, se alguém é cuidadoso com a primeira, é absolutamente necessário que abandone a outra.

14

Se você quer que seus filhos, esposa e amigos vivam para sempre, você é um tolo; pois você teria em seu poder essas coisas que não estão em seu poder e teria as coisas que pertencem aos outros como se fossem suas. Portanto, se você quer que o seu escravo não cometa nenhum erro, você é um tolo; pois você teria a maldade como se não fosse maldade, mas alguma outra coisa. Mas, se você não quer falhar em seus desejos, você é capaz de fazer isso. Pratique, então, isso que você pode fazer. Ele é o senhor de todos os homens e tem o poder sobre as coisas que outra pessoa deseja ou não, o poder de dar ou de tomar de volta tais coisas. Quem quer que deseje ser livre, que então não deseje nada nem evite nada que dependa dos outros: se não respeitar essa regra, deverá tornar-se um escravo.

15

Lembre-se de que na vida você deve comportar-se como em um banquete. Suponha que algo que será servido esteja do lado oposto a você. Estenda sua mão e pegue uma porção com decência. Suponha que tal iguaria passe por você. Não a detenha. Suponha que ainda não tenha chegado a você. Não envie seu desejo adiante até ela, mas espere até que esteja no seu lado oposto. Faça o mesmo com respeito às crianças, assim como em respeito à esposa, aos escritórios da magistratura e à riqueza, e um dia você será um conviva digno dos banquetes dos deuses. Mas, se você não pegar nenhuma das coisas que foram servidas diante de você, e até mesmo as desprezar, então você não será apenas um conviva no banquete com os deuses, mas também um parceiro com eles no poder. Pois, agindo assim, Diógenes e Heráclito e outros como eles foram merecidamente considerados divinos, e assim passaram a ser chamados.

16

Quando você vir uma pessoa chorar de tristeza, seja pela partida de um filho para o exterior, seja quando ele morre, ou quando alguém perdeu seus bens, cuide para que essa aparência não o carregue com ela, como se estivesse sofrendo por coisas externas. Mas imediatamente faça uma distinção em sua própria mente e esteja em prontidão para dizer: "Não é aquilo que aconteceu o que aflige este homem, pois não aflige a mais ninguém, mas é a opinião sobre o ocorrido que aflige o homem". No que tange às palavras, não se furte em demonstrar-lhe simpatia e, mesmo que isso aconteça, lamente com ele. Mas tome cuidado para não se lamentar internamente também.

17

Lembre-se de que você é um ator em uma peça, do tipo que o professor (autor) pode escolher; se for curta, que seja curta; se for longa, que seja longa. Se ele quer que você faça o papel de um homem pobre, faça com que a sua atuação seja o mais natural possível; se for o papel de um coxo, de um magistrado, de um cidadão em particular, faça do mesmo modo. Pois essa é a sua obrigação, desempenhar bem o papel que lhe foi atribuído; mas escolher qual o papel, isso depende do outro.

18

Quando um corvo grasna de maneira agourenta, não deixe que as aparências o apressem a se afastar; mas imediatamente diferencie isso em sua mente e diga: "Nenhuma dessas coisas tem significado para mim, nem para meu pobre corpo, ou para minha pequena propriedade, ou para minha reputação, ou para meus filhos, ou para minha esposa, para mim, todos os significados são auspiciosos, se eu assim escolher. Pois, qualquer que seja o resultado dessas coisas, está em meu poder tirar proveito disso".

19

Você pode tornar-se invencível se não entrar em nenhuma disputa que não esteja em seu poder vencer. Tome cuidado, então, quando vir um homem honrado diante dos outros ou detentor de grande poder ou muito estimado por qualquer motivo, para não supor que ele seja feliz, e não se deixar levar pelas aparências. Pois, se a natureza do bem está em nosso poder, nem a inveja nem o ciúme terão lugar em nós. Mas você mesmo não quer ser um general ou senador [do grego: *prutanis*] ou cônsul, mas um homem livre, e só há um modo para isso: desprezar (não se ocupar com) as coisas que não estão em nosso poder.

20

Lembre-se de que não é aquele que o ultraja ou agride quem o insulta, mas a sua opinião sobre essas coisas que formam o insulto. Quando alguém irritar você, saiba que é a sua própria opinião que o deixa irritado. Portanto, tente principalmente não se deixar levar pelas aparências. Pois, se você conseguir ganhar algum tempo e atrasar, será mais fácil dominar a si mesmo.

21

Permita que a morte e o exílio e todas as coisas que parecem terríveis estejam diariamente diante de seus olhos, mas, principalmente, a morte, e você jamais pensará em algo maldoso nem desejará nada com extravagância.

22

Se você deseja a filosofia, prepare-se desde o início para ser ridicularizado. Espere que muitos zombem de você e digam: "Ele voltou de repente para nós como um filósofo; e de onde ele tirou esse olhar arrogante sobre nós?". Você não tem um olhar arrogante, mas se apega às coisas que parecem melhores, como alguém escolhido por Deus para essa posição. E lembre-se de que, ao seguir os mesmos princípios, esses homens que o ridicularizaram antes irão admirá-lo depois; mas, se você for subjugado por eles, causará a si mesmo um duplo ridículo.

23

Se alguma vez acontecer de você se voltar para coisas externas a fim de agradar a alguém, deve saber que perdeu o propósito de sua vida. Esteja satisfeito, então, com tudo referente a se tornar um filósofo e, se você quer também parecer um filósofo para qualquer um, pareça sê-lo antes para si mesmo, e você conseguirá sucesso nisso.

24

Não deixe que estes pensamentos o aflijam: "Devo viver sem honra e jamais serei alguém em lugar nenhum". Pois, se a falta de honra [do grego: *atimia*] é um mal, você não deve permanecer nesse mal por meio (culpa) de outro, assim como você não pode estar envolvido em alguma coisa má. É, então, sua obrigação conquistar o posto de magistrado ou ser recebido em um banquete? De modo algum. Como, então, isso pode ser considerado falta de honra (desonra)? E como você não será ninguém em lugar nenhum quando deveria ser alguém exclusivamente nas coisas que estão em seu poder, nas quais, de fato, é permitido que você seja alguém de maior valor? Mas seus amigos ficarão sem ajuda! O que você quer dizer com estar sem ajuda? Não receberão dinheiro de você, nem você os tornará cidadãos romanos. Quem disse que essas coisas estão em nosso poder, e não no poder de outros? E quem pode conceder ao outro o que nem ele mesmo possui? Ganhe, então, algum dinheiro, dizem seus amigos, para que também tenhamos algum. Se houver a possibilidade de eu ganhar dinheiro e me manter modesto, fiel e magnânimo, mostrem-me o caminho e eu o conquistarei. Mas, se me pedem para abrir mão das coisas que são minhas e boas para mim, para que vocês possam ganhar algo que não é assim tão bom, vejam como vocês são injustos e fúteis. Além disso, o que você prefere ter: dinheiro ou um amigo fiel e modesto? Para isso, ajude-me antes a ser um homem assim e não me peça para fazer algo que me faça perder meu caráter. Mas meu país, você diz, no que depender de mim, ficará sem minha ajuda. Eu pergunto novamente: a que tipo de ajuda você se refere? Não receberão novos pórticos ou banhos sem a minha intervenção. E o que isto significa? Pois não há como obter sapatos por meio de um ferreiro nem armas por meio de um sapateiro. Mas é suficiente se cada pessoa se desincumbir completamente do trabalho que é seu: e, se você o concedesse a outro cidadão, fiel e modesto, você não seria útil para ele? Sim. Então você jamais seria inútil por isso. Que lugar então, você diz, devo manter na cidade? O que você conseguir, se mantiver sua fidelidade e modéstia. Mas se, quando você deseja ser útil ao Estado, perde essas qualidades, que vantagens você pode oferecer, se for considerado um sem-vergonha e sem fé?

25

Alguém foi atendido antes de você em um banquete, ou ao ser saudado, ou convidado para uma conversa privada? Se essas coisas são boas, você deve estar feliz porque ele as conquistou; mas, se forem ruins, não se sinta aflito por não as ter conquistado para si. E lembre-se de que você não pode, se não fizer as mesmas coisas com o objetivo de conquistar aquilo que não está sob o seu poder, ser considerado digno dessas mesmas coisas (iguais). Pois como alguém pode receber um pagamento igual ao de outro se ele não faz as visitas às residências, como faz o primeiro; quando ele não lhe dá suporte em viagens ao exterior, como o primeiro sempre o faz; quando ele não faz elogios (adula) como o outro faz? Você será considerado injusto e insaciável se não pagar o preço pelo qual essas coisas são vendidas e se desejar obtê-las em troca de nada. Bem, qual é o preço das alfaces? Um óbolo[1] talvez. Se, então, alguém abre mão de possuir seu óbolo e o troca pelas alfaces, e se você não desiste de ter o seu óbolo e não o troca pelas alfaces, não suponha que você recebeu menos do que aquele que recebeu as alfaces, pois, assim como ele conquistou suas alfaces, você manteve para si o óbolo que não gastou. Do mesmo modo, para outro assunto, você não foi convidado para o banquete de alguém porque não pagou ao anfitrião o preço pelo qual a ceia é vendida; mas ele estaria disposto a trocá-la por um elogio (lisonja) ou a venderia por um pouco de atenção pessoal. Pague então o preço, se for do seu interesse, pelo qual algo será vendido. Mas, se você não quer pagar o preço, e ainda assim quer obter as coisas, você será considerado insaciável e tolo. Você não teria nada, então, para oferecer em troca da ceia? Sim, você tem, de fato, você tem a não lisonja para aquele que escolheu não lisonjear; você tem a não tolerância daquele homem quando ele entra no recinto.

---

[1] O óbolo era uma unidade de massa na Grécia Antiga que correspondia a 0,5 g e que era usada para medir a quantidade de metal precioso para cunhar as moedas. Portanto, tornou-se uma moeda de pequeno valor, cerca de um sexto de dracma, pesando 0,5 g de prata. (N.T.)

26

Podemos aprender os desejos (vontade) da natureza com as coisas em que não nos diferenciamos uns dos outros: por exemplo, quando o escravo do seu vizinho quebrou uma xícara, ou qualquer outra coisa, estamos prontos para dizer imediatamente que isso é algo que pode acontecer. Você deve se lembrar desse fato, quando sua própria xícara for também quebrada, e pensar do mesmo modo de quando a xícara do vizinho foi quebrada. Adapte essa reflexão também para as coisas maiores. O filho ou a esposa de alguém morreu? Não há ninguém que não diria: "Este é um evento incidental para qualquer um". Mas, quando o próprio filho ou esposa de alguém morre, imediatamente ele exclama: "Ai de mim, como sou infeliz!". Mas devemos nos lembrar de como nos sentimos quando ouvimos que isso aconteceu a outras várias pessoas.

27

Como uma marca não é feita com o objetivo de fazer errar o alvo, tampouco existe a natureza do mal no mundo.

28

Se alguém intencionasse colocar seu corpo à disposição de qualquer um com quem cruzasse no caminho, você se espantaria; mas, quando você coloca o seu entendimento nas mãos de qualquer um que encontrar, de modo que ele pudesse lhe fazer algum mal, seria algo preocupante e perturbador; você não se envergonha disso?

29

Em cada ato observe as coisas que vêm primeiro e aquelas que vêm em sua consequência; e, então, prossiga com o ato. Se não o fizer, inicialmente você se aproximará com entusiasmo, sem ter pensado nas coisas que virão a seguir; mas depois, quando certas coisas más (feias) tiverem se manifestado, você ficará envergonhado. Um homem deseja vencer nos Jogos Olímpicos. Eu também desejo, pois seria uma coisa boa. Mas observe tanto as coisas que vêm antes como as que vêm depois desse fato; e então comece a agir. Você deve fazer tudo de acordo com as regras, comer de acordo com regras estritas, abster-se de iguarias, fazer exercícios conforme recomendado nas horas certas, no calor ou no frio, não deve beber água gelada nem vinho na quantidade que quiser; em suma, você deve submeter-se ao seu treinador como faz com o médico e então estará preparado para a competição. E às vezes você vai estirar a mão, torcer o tornozelo fora do lugar, engolir muito pó, às vezes será fustigado e, depois de tudo isso, será vencido. Depois de pensar sobre tudo isso, se você ainda resolver escolher, siga para a competição: se não for, vai se comportar como as crianças, que às vezes brincam de luta, outras vez de flautistas, de volta para brincar de gladiadores, depois de trompetistas, e finalmente de atores de tragédias. Assim você também será uma hora um atleta, em outra um gladiador, e depois um retórico, ou um filósofo, mas, no fundo da sua alma, você não será nada; mas, como um macaco, você imita tudo o que vê, e uma coisa depois da outra lhe dá prazer. Pois você não começou nada após alguma consideração nem pesquisou nada mais profundamente, mas de maneira descuidada e sem desejo. Assim, aqueles que viram um filósofo e após ouvi-lo falar, como o Eufrates fala – e quem consegue falar como ele? –, desejam ser eles também filósofos. Meu caro, antes de tudo, considere que tipo de coisa é essa; e então examine sua própria natureza, se você é capaz de sustentar com seu caráter. Você quer ser um pentatleta ou um lutador olímpico? Observe os seus braços, as suas coxas, examine seus quadris. Pois homens diferentes são criados pela natureza para atividades diferentes. Você acha que, se fizer essas coisas, poderá comer do mesmo modo, beber do mesmo modo e continuar a ter nojo de certas coisas? Você passará noites sem dormir, aguentará longas jornadas, afastar-se-á de sua família, será desprezado pelos escravos, em tudo receberá a pior parte, das honras, dos cargos, nas cortes de justiça, em cada pequeno assunto. Considere todas essas coisas, se você está realmente disposto a trocar por elas o controle das paixões, a liberdade e a tranquilidade. Se não, tome cuidado para que, como fazem as crianças, você não seja uma hora um filósofo, depois um servo dos publicanos, depois um retórico e depois um procurador (gerente) para César. Essas coisas não são consistentes. Você deve ser um homem inteiro, seja bom, seja mau. Você deve ou cultivar sua própria capacidade de decisão ou então as coisas externas. Ou você deve exercitar sua habilidade nas coisas internas ou nas externas; ou seja, ou você deve manter a postura de um filósofo ou a de uma pessoa comum.

30

Os deveres são universalmente medidos pelas relações [do grego: *tais schsesi*]. Esse homem é um pai? O primogênito deverá cuidar dele, ceder a ele em todos os assuntos, submeter-se quando ele for repreensivo, quando ele aplicar alguns castigos. Mas suponha que ele seja um pai ruim. Você foi, então, por natureza feito semelhante a um bom pai? Não; mas a um pai somente. Um irmão briga com você? Mantenha sua própria posição em relação a ele e não repare no que ele está fazendo, mas no que você deve fazer para que sua vontade esteja em conformidade com a natureza. Pois ninguém poderá prejudicá-lo, a menos que você assim escolha: mas você será prejudicado quando pensar que estará prejudicado. Desse modo descobrirá, então, os seus deveres pela relação com um vizinho, com um cidadão, com um general, se estiver acostumado a observar as relações.

31

Quanto à piedade para com os deuses, você deve saber que esta é a coisa mais importante, ter as opiniões corretas sobre cada um deles, acreditar que eles existem e que administram o Todo de maneira correta e justa; e você deve se fixar neste princípio (dever), obedecer-lhe e ceder a ele em tudo o que acontecer, e segui-lo voluntariamente como se fossem realizados pela inteligência suprema. Pois, se fizer assim, jamais culpará os deuses nem os acusará de negligenciar você. E não é possível que isso seja feito de outra forma, senão nos afastando das coisas que não estão em nosso poder e colocando o bem e o mal apenas naquilo que está sob o nosso poder. Pois, se você imagina que alguma das coisas que não estão em nosso poder é boa ou má, é absolutamente necessário que, quando não conseguir o que deseja, e quando cair naquilo que não deseja, você aponte as falhas e odeie aqueles que as causaram; pois todo animal é criado assim pela natureza, para fugir e desviar das coisas que parecem perigosas e das que podem causar algum dano e para seguir e admirar as coisas úteis e as causas de sua utilidade. É impossível, então, para alguém que pensa que foi prejudicado, maravilhar-se com o que imagina ser a causa do dano, como também é impossível estar satisfeito com o próprio dano. Também por isso um pai é maltratado por seu filho quando não entrega a ele a devida parte das coisas que são consideradas boas; e foi isso que tornou Polinices e Etéocles inimigos, a ideia de que o poder real seria um bem. É por isso que o agricultor injuria os deuses, por isso também o faz o marinheiro, e o comerciante, e assim fazem aqueles que perdem suas mulheres e seus filhos. Pois onde está o útil (seu interesse), ali também está a piedade. Consequentemente, aquele que cuida de desejar como se deve e evitar [do grego: *echchlinein*] como se deve, ao mesmo tempo também se preocupa com a piedade. Mas fazer libações e sacrifícios e oferecer as frutas frescas de acordo com o costume de nossos pais, com pureza de alma e não mesquinhamente nem descuidadamente, nem escassamente, nem acima de nossa capacidade, é uma coisa que cabe a todos fazer.

32

Quando você recorrer à adivinhação, lembre-se de que não sabe o que irá acontecer, mas que veio perguntar ao vidente. Mas de que tipo será seu destino você só saberá efetivamente quando ele chegar, se você for realmente um filósofo. Pois, se ocorrer alguma das coisas que não estão sob o nosso poder, é absolutamente necessário que não seja nem boa nem má. Não traga, então, para o vidente nem o seu desejo nem a sua aversão [do grego: *echchlinein*]: se você trouxer, irá se aproximar dele com medo. Mas, tendo decidido em sua mente que tudo o que deverá acontecer (resultado) é indiferente, e que não diz respeito a você, e seja o que tiver de ser, pois estará em seu poder usá-lo bem, e ninguém irá impedir isso, venha então com confiança para os deuses como seus conselheiros. E então, quando qualquer conselho for dado, lembre-se de quem você escolheu como conselheiros e de quem você negligenciou, se não for obedecer a eles. E vá procurar o vidente, como Sócrates disse que você deveria, sobre aqueles assuntos em que toda a investigação tem referência com o resultado, e cujos meios não são dados nem pela razão nem por nenhuma outra arte para saber aquilo que é o assunto da pergunta. Portanto, quando devemos compartilhar o perigo que corre um amigo, ou nosso país, você não deve consultar o vidente para saber se deve mesmo compartilhá-lo. Pois, mesmo que o vidente diga que os sinais presentes para as vítimas são de azar, é claro que isso é um sinal de morte, ou mutilação de uma parte do corpo, ou de exílio. Mas a razão prevalece e, mesmo com esses riscos, devemos compartilhar os perigos que ameaçam nosso amigo e o nosso país. Portanto, preste atenção ao maior vidente de todos, o deus Pítio, que expulsou do templo aquele que não ajudou seu amigo quando este estava sendo assassinado.

33

Imediatamente recomende algum caráter e alguma forma para si mesmo, que você deverá observar, tanto quando estiver sozinho quanto ao se encontrar com outros homens.

E deixe o silêncio ser a regra, ou deixe que apenas o necessário seja dito, e em poucas palavras. E raramente, quando a ocasião exigir, devemos dizer algo; mas nunca sobre os assuntos comuns, ou sobre gladiadores, corridas de cavalos, sobre atletas, sobre a comida ou a bebida, que são assuntos comezinhos; e especialmente não dizer nada sobre os homens, como culpá-los, elogiá-los ou compará-los. Se for assim capaz, conduza, por meio de sua conversa, a conversa de seus companheiros ao que seja apropriado; mas, se acontecer de você ficar obrigado à companhia de estranhos, fique em silêncio.

Não deixe seu riso ser farto, nem aparecer em muitas ocasiões, nem ser excessivo.

Recuse-se veementemente a fazer qualquer juramento, até onde for possível, e, se não for, recuse tanto quanto puder.

Evite banquetes oferecidos por estranhos e pessoas ignorantes. Mas, se acontecer uma ocasião para se juntar a eles, fixe sua atenção cuidadosamente, para que não escorregue nos modos das pessoas vulgares (não instruídas). Pois você deve saber que, se suas companhias forem impuras, aquele que anda com elas deve também se tornar impuro, embora aconteça de ele ser ainda puro.

Pegue (aplique) as coisas relacionadas ao corpo até o uso mais básico, como comida, bebida, roupa, casa e escravos; mas exclua tudo o que serve apenas para exibição ou luxúria.

Quanto ao prazer com as mulheres, abstenha-se tanto quanto puder antes do casamento; mas, se você se permitir, faça-o da maneira que for de acordo com o costume. Não seja, no entanto, desagradável com os que se entregam a esses prazeres, nem os reprove; e não se vanglorie por não permitir tais prazeres a você mesmo.

Se um homem lhe diz que certa pessoa fala mal de você, não faça nenhuma defesa (resposta) contra o que lhe foi dito, mas responda: "Esse homem não conhece o restante das minhas falhas, ou não teria mencionado apenas essas".

Não é preciso ir aos teatros com frequência, mas, quando houver uma ocasião apropriada para isso, não se mostre como partidário de ninguém, exceto de você mesmo, ou seja, deseje apenas que seja feito o que deve ser feito, e apenas para ele ganhar o prêmio que mereça ganhar; pois desse modo não encontrará nenhum obstáculo. Mas se abstenha totalmente de quaisquer gritos e risos sobre qualquer (coisa ou pessoa) ou emoções violentas. E, quando você retornar, não comente muito sobre o que foi representado no palco, exceto sobre aquilo que pode levar ao seu próprio aperfeiçoamento. Pois é óbvio, se você fala demais, que admirou o espetáculo (mais do que deveria).

Não vá aos recitais de certas pessoas nem as visite costumeiramente. Mas, se você comparecer, mantenha a seriedade e a tranquilidade e evite também se tornar desagradável.

Quando você for se encontrar com qualquer pessoa, e especialmente com aquelas que são consideradas de uma condição superior, mantenha diante de si o que Sócrates ou Zenão teriam feito em tais circunstâncias, e não terá dificuldade em aproveitar corretamente a ocasião.

Quando você for até alguém que detenha um grande poder, pense que não encontrará o homem em casa, que será excluído, que a porta não se abrirá para você, que tal homem não se importará com você. E, se mesmo assim for o seu dever visitá-lo, aguente o que vier a acontecer e jamais diga a si mesmo que não valeu a pena. Pois isso é tolice e marca o caráter daquele que se sente ofendido pelas coisas externas.

Quando estiver acompanhado, observe para não falar muito sobre seus próprios atos ou perigos, pois, assim como é agradável para você mencionar os perigos por que passou, não é tão agradável para os outros ouvir o que aconteceu com você. Cuidado também para não provocar o riso, pois esse é um caminho escorregadio em direção a outros hábitos vulgares e serve para diminuir o respeito dos seus vizinhos. Também é um hábito perigoso abordar temas obscenos. Quando algo desse tipo acontecer, se houver uma boa oportunidade, repreenda aquele que começou essa conversa; mas, se não houver oportunidade, ao menos use o seu silêncio, seu rubor e uma expressão de insatisfação em seu rosto para mostrar claramente que você reprova tal conversa.

34

Se você teve a impressão [do grego: *phantasion*] de algum prazer, preserve-se de se deixar levar por ele; mas deixe a coisa aguardar por você e se permita algum atraso de sua parte. Então pense em duas ocasiões: a hora em que irá desfrutar daquele prazer e a hora seguinte à satisfação do prazer, quando você estará arrependido e reprovando a sua atitude. E posicione-se contra essas coisas e veja como se alegrará, caso se abstenha do prazer, e como você se elogiará depois. Mas, se parecer oportuno aceitar (fazer) tal coisa, cuide para que o seu encanto, o prazer e a atração da ocasião não o conquistem, mas considere, em contrapartida, quanto melhor é estar consciente de que você conquistou essa vitória.

35

Quando você decidir que algo deve ser feito e o estiver fazendo, nunca evite ser visto fazendo tal coisa, embora muitos possam ter uma opinião desfavorável a respeito daquilo. Pois, se não é certo fazer algo, evite então fazê-lo; mas, se for correto, por que você tem medo dos que erroneamente apontarão como se fosse uma falha?

36

Como a afirmação sempre é ou dia, ou noite, é de grande importância para o argumento disjuntivo, mas para o conjuntivo não tem valor; então, em um simpósio (entretenimento), selecionar a parte maior tem muito valor para o corpo, mas para a manutenção do sentimento social não vale nada. Quando, então, você estiver comendo com alguém, lembre-se de olhar não apenas para o valor das coisas servidas diante de você, mas também para o valor do comportamento diante do anfitrião, que deve ser observado.

37

Se vocês assumiram um caráter acima de suas forças, agiram dessa maneira de modo inadequado e negligenciaram o que deveriam ter, de fato, cumprido.

38

Ao caminhar, assim como você toma cuidado para não pisar em um prego ou torcer o pé, cuide também para não danificar sua própria faculdade dominante; e, se observarmos essa regra para todas as ações, agiremos em cada uma delas com mais segurança.

39

A medida das posses (propriedade) é para todos o seu corpo, assim como o pé é a medida para o sapato. Se você permanecer nessa regra (as demandas do corpo), manterá a medida adequada; mas, se você a ultrapassar, deve necessariamente ser apressado como se estivesse descendo por um precipício. Assim como na questão do sapato, se você extrapolar as (necessidades do) pé, o sapato poderá ser dourado, depois da cor roxa, ou ainda bordado; pois não há limite para aquilo que já ultrapassou a medida verdadeira.

40

As mulheres a partir da idade de catorze anos são chamadas pelos homens de amantes ([do grego: *churiai*], *dominæ*). Portanto, como elas veem que não há nada mais que possam conquistar, mas apenas o poder de se deitar com os homens, elas se enfeitam e colocam todas as suas esperanças nisso. Vale a pena nosso esforço aqui para que saibam que são valorizadas (pelos homens) apenas por parecerem (serem) decentes, modestas e discretas.

41

É marca de uma capacidade mediana gastar muito tempo com as coisas relativas ao corpo, como o excesso de exercício, comer demais, beber demais, relaxar demais o corpo, copular em exagero. Mas essas coisas devem ser feitas como atividades subordinadas; e que todo o seu cuidado seja dirigido à mente.

42

Quando qualquer pessoa o tratar mal ou falar mal de você, lembre-se de que ela faz isso ou diz isso porque pensa que é seu dever fazê-lo. Não é possível, então, para ele seguir aquilo que parece ser correto para você, mas o que parece correto para ele mesmo. Consequentemente, se ele estiver errado em sua opinião, ele é quem está ferido, por ser aquele que foi enganado; pois, se alguém supõe que uma conjunção verdadeira é falsa, não é a conjunção que foi prejudicada, mas aquele que está enganado a respeito dela. Se você seguir partindo dessas opiniões, terá um temperamento moderado com aqueles que o injuriam; para dizer, em qualquer ocasião, que lhe pareceu assim.

43

Tudo possui duas alças, uma pela qual pode ser carregado e a outra pela qual não pode. Se seu irmão age injustamente, não se apodere da ação pela qual ele age injustamente, pois esta é a alça que não pode suportar a carga; mas segure a outra, pois ele é seu irmão, foi criado com você, e você irá segurar firme a coisa por esta alça, pela qual consegue ser suportada.

44

Estes raciocínios não são coerentes: "Sou mais rico do que você, portanto sou melhor do que você"; "Eu sou mais eloquente do que você, portanto sou melhor do que você". Ao contrário, estes são bastante coerentes: "Sou mais rico do que você, portanto minhas posses são maiores do que as suas"; "Sou mais eloquente do que você, portanto meu discurso é superior ao seu". Mas você não é nem posse nem discurso.

45

Alguém toma um banho rápido (cedo)? Não diga que ele se banha mal, mas que se banha rapidamente. Alguém bebe muito vinho? Não diga que ele faz isso mal, mas que bebe muito. Pois, antes de você ter firmado uma opinião, como sabe se ele está agindo mal? Assim, não acontecerá a você compreender algumas aparências que são capazes de ser compreendidas, mas concordar com outras.

46

Nunca se autodenomine filósofo e não fale muito entre os não instruídos sobre teoremas (regras filosóficas, preceitos), mas faça o que decorrer deles. Por exemplo, em um banquete, jamais diga como alguém deve comer, mas coma como você deve comer. Lembre-se de que, dessa forma, Sócrates também evitou totalmente a ostentação. As pessoas costumavam ir até ele e pedir para serem recomendadas por ele aos filósofos, e ele as conduzia até os filósofos, tão facilmente se submetia a ser superado. Do mesmo modo, se qualquer conversa surgir entre pessoas não instruídas sobre algum teorema, procure permanecer em silêncio, pois existe um grande perigo de vomitar imediatamente aquilo que ainda não se digeriu. E, quando alguém disser que você não sabe nada e você não se aborrecer, esteja certo de já ter iniciado os trabalhos (de filosofia). Pois nem mesmo as ovelhas vomitam o capim para mostrar aos pastores o quanto comeram; mas, quando tiverem digerido internamente a pastagem, irão mostrar externamente pela produção da lã e do leite. Você também não deve mostrar seus teoremas aos não instruídos, mas exibir as ações que vêm da digestão deles.

47

Quando, por um custo reduzido, você receber tudo para o seu corpo, não se orgulhe disso; nem, se você beber água, diga a toda hora: "Eu bebo água". Mas considere primeiro como os pobres são muito mais frugais do que nós e mais resistentes ao trabalho. E, se você algum dia quiser se exercitar no trabalho e na resistência, faça-o para si mesmo, e não para os outros. Não abrace estátuas; mas, se você alguma vez estiver com muita sede, tome um gole de água gelada e cuspa, e não conte a ninguém.

48

A condição e característica de uma pessoa não instruída é a seguinte: ela nunca espera nenhum benefício de si mesma (vantagem) nem qualquer dano, mas das coisas externas. A condição e característica de um filósofo é a seguinte: ele espera toda vantagem e todo o mal de si mesmo. Os sinais (marcas) de alguém que está progredindo são estes: não censura ninguém, não elogia ninguém, não culpa ninguém, não acusa ninguém, não diz nada de si mesmo como se fosse alguém ou soubesse de alguma coisa; quando ele é impedido ou atrasado, culpa a si mesmo; se alguém o elogia, ele ridiculariza quem o elogiou para si mesmo; se alguém o censura, ele não esboça nenhuma defesa; ele anda como qualquer pessoa fraca, tomando cuidado para não mover nenhuma das coisas que estão no lugar, antes de estarem firmemente fixadas; ele retira todo o desejo de si mesmo e transfere a aversão [do grego: *echchlisin*] para tais coisas, apenas daquelas em nosso poder que são contrárias à natureza; ele assume um movimento moderado em direção a tudo; se é considerado tolo ou ignorante, não se importa; e, resumidamente, ele se observa como se fosse um inimigo e tivesse caído em uma emboscada.

49

Se alguém se orgulhar porque consegue entender e explicar os escritos de Crísipo, diga a si mesmo: "Se Crísipo não tivesse escrito de modo tão obscuro, esse homem não teria nada do que se orgulhar". Mas o que é que eu desejo? Entender a natureza e segui-la. Eu pergunto, portanto: Quem é o intérprete? E, quando soube que é Crísipo, fui até ele (o intérprete). Mas não entendo o que está escrito, por isso procuro pelo intérprete. E até agora não há nada do que se orgulhar. Mas, quando tiver encontrado o intérprete, o que me resta é usar os preceitos (as lições). Isso em si é a única coisa da qual se orgulhar. Mas, se devo admirar a exposição, o que mais foi feito de mim a não ser um gramático em vez de um filósofo? Exceto por um detalhe, que estou ensinando sobre Crísipo em vez de Homero. Quando, então, qualquer um me diz "Leia Crísipo para mim", fico bastante envergonhado, pois não posso mostrar meus atos consistentes com suas palavras e como suas palavras.

50

Quaisquer coisas (regras) que sejam propostas a você (para a condução da sua vida), obedeça a elas como se fossem leis, como se você fosse culpado de impiedade se transgredisse alguma delas. E a tudo o que qualquer um disser sobre você, não dê atenção; pois não é problema seu. Por quanto tempo você ainda adiará pensar que é digno das melhores coisas, e em nenhum assunto transgredindo a razão distinta? Você aceitou os teoremas (regras) com os quais era seu dever concordar, mas realmente concordou com eles? Que professor, então, você ainda espera para entregar a ele a correção de si mesmo? Você não é mais um jovem, mas um homem adulto. Se, então, você for negligente e preguiçoso, e estiver continuamente em procrastinação após procrastinação, e proposta (intenção) após proposta, e corrigindo dia após dia, depois do qual você cuidará de si mesmo, você não saberá que não está fazendo progresso, mas você continuará ignorante (sem instrução) enquanto viver e até a sua morte. Pense então, imediatamente, que é correto viver como um homem adulto e alguém que está adquirindo proficiência, e que tudo o que parece ser o melhor para você é uma lei que não deve ser transgredida. E, se qualquer coisa trabalhosa, agradável, gloriosa ou inglória aparecer diante de você, lembre-se de que agora é a competição, agora são os jogos olímpicos, e eles não podem ser adiados; e que depende de uma derrota e de uma desistência o progresso ser ou perdido ou mantido. Sócrates, desse modo, tornou-se perfeito, em todas as coisas melhorando a si mesmo, obedecendo a nada, exceto à razão. Mas você, embora ainda não seja um Sócrates, deve viver como alguém que deseja ser um Sócrates.

51

O primeiro e o mais necessário lugar (parte [do grego: *topos*]) na filosofia é o uso dos teoremas (preceitos [do grego: *theoraemata*]), por exemplo, que não devemos mentir. A segunda parte é a das demonstrações, por exemplo, "Como é provado que não devemos mentir?". O terceiro é aquele que é confirmatório desses dois, e explicativo, por exemplo, "Como isso pode ser uma demonstração?". Pois o que é uma demonstração, o que é uma consequência, o que é uma contradição, o que é a verdade, o que é a falsidade? A terceira parte (tópico) é necessária por causa da segunda, e a segunda, por causa da primeira; mas a mais necessária e sobre a qual devemos nos debruçar é a primeira. Mas fazemos o contrário. Pois gastamos nosso tempo no terceiro tópico, e toda a nossa dedicação está relacionada a ele; mas negligenciamos inteiramente o primeiro. Portanto, mentimos; mas a demonstração de que não devemos mentir já temos em mãos.

52

Em todas as coisas (circunstâncias), devemos guardar estas máximas ao nosso pronto alcance:

> *Conduza-me, ó Zeus, e tu, ó Destino,*
> *O caminho que foi definido por você para que eu siga:*
> *Para seguir estou pronto. Se eu não escolher,*
> *Eu me tornarei um desgraçado e ainda assim deverei segui-lo.*

> *Mas aquele que nobremente cede à necessidade,*
> *Nós o consideramos sábio e habilidoso nos assuntos divinos.*

E o terceiro também:

> *Ó Crito, se assim agradar aos deuses, que assim seja;*
> *Anito e Melito são realmente capazes de me matar, mas eles não poderão me fazer mal.*

Uma seleção dos discursos de Epiteto

COMO UM HOMEM DEVE PROCEDER A PARTIR DO PRINCÍPIO DE QUE DEUS É O PAI DE TODOS OS HOMENS, PARA TODO O RESTO. Se alguém pudesse aceder a essa doutrina como deveria, que todos nascemos de Deus de um modo especial, e que Deus é o pai dos homens e também dos deuses, suponho que ele jamais teria pensamentos baixos ou maléficos sobre si mesmo. Mas, se César (o imperador) o adotasse, ninguém poderia aguentar a sua arrogância; e, se soubesse que era filho de Zeus, não ficaria exultante? No entanto, não agimos assim; mas, uma vez que ambas as coisas estão misturadas na geração da raça humana, com o corpo em comum com os animais, e a razão e a inteligência em comum com os deuses, muitos são inclinados para esse parentesco, que é triste e mortal; e apenas alguns poucos para o que é divino e feliz. Desde então, é necessário que cada um utilize tudo de acordo com a opinião que tem a respeito disso; aqueles, os poucos, que imaginam que são criados para a fidelidade, a modéstia e um uso garantido das aparências, não possuem pensamentos baixos ou ignóbeis sobre si mesmos; mas com a maioria ocorre exatamente o contrário. Pois eles indagam: o que sou eu? Um homem pobre e infeliz, com meu pedaço desprezível de carne. Desprezível, de fato, mas você possui algo melhor do que seu quinhão da carne. Por que você negligencia aquilo que é melhor, e por que se apega a isso?

Por meio desse relacionamento íntimo com a carne, alguns de nós nos inclinamos a ele e nos tornamos parecidos com os lobos, sem nenhuma fé, traiçoeiros e maliciosos; outros se tornam parecidos com os leões, selvagens, bestiais e indomáveis; mas a maior parte de nós se torna como as raposas e outros animais ainda piores. Pois o que seria alguém que caluniasse, agisse com maldade, senão uma raposa, ou algum outro animal mais desprezível e mesquinho? Observe bem e tome cuidado para que não se torne uma dessas coisas infelizes.

DO PROGRESSO OU DO APERFEIÇOAMENTO. Aquele que está progredindo, tendo aprendido com os filósofos que o desejo significa o desejo por coisas boas e que a aversão significa aversão às coisas ruins; tendo aprendido, ainda, que felicidade e tranquilidade não são alcançáveis pelo homem, a não ser por não falhar em conquistar o que deseja e não se deixar cair naquilo que deseja evitar; tal pessoa tira de si mesma o desejo e o entrega, mas usa sua aversão somente nas coisas que dependem de sua vontade. Pois, se tenta evitar qualquer coisa independente de sua vontade, sabe que, às vezes, poderá cair em algo que deseja evitar, e estará infeliz. Ora, se a virtude promete boa sorte, tranquilidade e felicidade, certamente também o progresso em direção à virtude é um progresso em direção a cada uma dessas outras coisas. Pois é sempre verdade que, para qualquer ponto a que o aperfeiçoamento de qualquer coisa nos leve, o progresso é uma aproximação em direção a esse ponto.

Como podemos admitir que a virtude é tal como eu descrevi antes e, mesmo assim, busque o progresso em outras coisas e as torne objetos de exibição? Qual é o produto da virtude? Tranquilidade. Quem, então, consegue obter as melhorias? Por acaso é aquele que leu muitos dos livros de Crísipo? Mas a virtude consiste em ter compreendido Crísipo? Se for assim, o progresso nada mais é do que conhecer o máximo possível de sua obra. Mas por ora admitimos que a virtude produz uma coisa, e dizemos que chegar próximo a ela é outra coisa: o progresso ou aperfeiçoamento. Tal pessoa, dirão alguns, já pode ler Crísipo sozinha. É verdade, senhor, você está fazendo um grande progresso. Que tipo de progresso? Mas por que você zomba dele? Por que você o afasta da percepção de sua própria desgraça? Você não mostrará a ele o efeito da virtude para que possa aprender onde buscar o aperfeiçoamento? Procure ali, desgraçado, onde está a natureza do seu trabalho. E onde está o seu trabalho? No desejo e na aversão, que você não se desaponte em seus desejos e não se depare com o que gostaria de evitar; em sua busca e repulsão, que você não cometa nenhum erro; na aceitação e na negação, que você não seja enganado. As primeiras coisas e as mais necessárias são aquelas que acabei de mencionar. Mas, se você procura não se deparar com aquilo que evita, tremendo e se lamentando, diga-me como você pensa que pode estar melhorando.

Você me mostraria, então, o seu progresso com essas coisas? Se eu estivesse falando com um atleta, diria: "Mostre-me seus ombros"; e então ele diria: "Veja aqui os meus Halteres". Você e seus Halteres desejam isso. Eu deveria responder: "Gostaria de ver o efeito dos Halteres".

Então, quando você diz "Pegue os estudos sobre os poderes ativos [do grego: *hormea*], e veja quão bem eu os estudei", eu respondo "Escravo, eu não estou perguntando sobre isso, mas como você exercita a busca e a evitação, o desejo e a aversão, como você projeta, propõe-se e se prepara, em conformidade com a natureza ou não? Se estiver em conformidade, me mostre as provas disso, e direi que você está obtendo progressos; mas, se não estiver em conformidade, afaste-se, e não apenas interprete devidamente os livros que possui, mas escreva você mesmo os seus; e o que você vai ganhar com isso? Você não sabe que o livro todo custa somente cinco denários? Quer dizer, então, que o intérprete parece valer mais do que cinco denários? Nunca pesquise por um assunto em si em um único lugar, e prossiga em direção a ele em outras fontes. Onde, então, estaria o progresso? Se algum de vocês, ao se afastar das coisas externas, concentrar-se na própria vontade [do grego: *proairesis*] para exercê-la e melhorá-la pelo esforço, e para fazê-la em conformidade com a natureza, elevada, livre, irrestrita, desimpedida, fiel, modesta; e, se tiver aprendido que aquele que deseja ou evita as coisas que não estão em seu poder jamais será fiel nem livre, mas necessariamente deverá transformar-se com elas e ser sacudido por elas, como em uma tempestade, e necessariamente deve se sujeitar aos outros, que têm o poder de obter ou impedir o que ele deseja ou evita; finalmente, ao despertar pela manhã, se obedecer e guardar essas regras, banhar-se como um homem fiel, comer como um homem modesto; da mesma maneira, se a cada questão que ocorrer ele desenvolver seus princípios mais importantes [do grego: *ta proaegoumena*] como um corredor faz em relação à corrida, e o instrutor de canto faz com relação à voz, este é o homem que efetivamente fará algum progresso, e este é o homem que não viajou em vão. Mas, se ele se esforçou na prática da leitura dos livros, e se concentra apenas nisso, e viajou para esse fim, eu lhe digo que volte para casa imediatamente e não negligencie seus negócios por lá; pois esse esforço, para o motivo para o qual ele viajou, não é nada. Mas a outra coisa significa algo, pesquisar como alguém pode livrar sua vida de lamentações e gemidos, e dizer "Ai de mim, infeliz que eu sou", e livrá-lo também do infortúnio e do desapontamento, e aprender o que significam a morte, o exílio, a prisão e o veneno, para que ele possa dizer, quando estiver acorrentado, "Querido Críton, se essa for a vontade dos deuses, que seja então cumprida, que assim seja"; e nunca dizer "Infeliz que sou eu, um velho; guardei-me até possuir meus cabelos brancos para isso?". Quem é que fala assim? Você acha que devo nomear alguns que não têm reputação e de baixa condição? Não foi Príamo quem disse isso? Não foi o que Édipo disse? Não, todos os reis dizem isso! Pois o que é a tragédia, senão as perturbações [do grego: *pathae*] daqueles que valorizam as coisas externas descritas neste tipo de poesia? Mas, se alguém deve aprender pela ficção que nenhuma das coisas externas é independente da vontade, diz respeito a nós, pois da minha parte eu apreciaria tal ficção, com cuja ajuda eu deveria viver feliz e sem ser perturbado. Mas vocês devem considerar para si mesmos o que desejam.

O que então Crísipo nos ensina? A resposta é: saber que essas coisas não são falsas, de onde a felicidade emana e de onde surge a tranquilidade. Examine os meus livros e você entenderá como são verdadeiras e em conformidade com a natureza as coisas que me libertam das perturbações. Ó, grande e boa sorte! Ó, grande benfeitor que nos mostra o caminho! Para Triptólemo, todos que ergueram templos e altares, porque ele nos forneceu a comida por meio do cultivo; mas àquele que descobriu a verdade e a trouxe à luz e a comunicou a todos, não a verdade que nos revela como viver, mas como viver bem, quem de vocês construiu um altar por esse motivo, ou um templo, ou dedicou sequer uma estátua, ou quem de vocês cultua Deus por isso? Porque os deuses nos deram a videira, ou o trigo, oferecemos sacrifícios a eles; mas porque eles produziram na mente humana aquele fruto, pelo qual imaginaram nos mostrar a verdade relacionada com a felicidade, não deveríamos ser gratos a Deus por isso?

CONTRA OS ACADÊMICOS. Se alguém, disse Epiteto, se opõe às verdades comprovadas, não será fácil encontrar argumentos que o façam mudar de opinião. Mas isso não surge nem da força desse homem nem da fraqueza do professor; pois quando ele, mesmo depois de confrontado, parece endurecido como pedra, como seríamos capazes de lidar com ele pela simples argumentação?

Bem, existem dois tipos de enrijecimento, o primeiro do entendimento, e o outro, do sentimento de vergonha, quando alguém está decidido a não concordar com o que é evidente nem a desistir das contradições. A maioria de nós teme a mortificação do corpo e descobriria qualquer meio para evitar tal coisa, mas não nos importamos com a mortificação da alma. E, de fato, com relação à alma, se alguém se encontra em tal estado que não consegue aprender mais nada, ou entender qualquer coisa que seja, imaginamos que ele esteja em péssimas condições; mas, se o sentimento de vergonha e de modéstia estão enfraquecidos, a isso podemos até chamar de poder (ou de força).

DA PROVIDÊNCIA. De todas as coisas, o que é ou o que acontece no mundo, é fácil enaltecer a Providência, se alguém possui essas duas qualidades: a capacidade de ver o que pertence e acontece a todas as pessoas e coisas, e uma disposição para a gratidão. Se não tem essas duas qualidades, um homem não verá a utilidade das coisas como são e das coisas que acontecem: outro não será grato por elas, mesmo que as conheça. Se Deus tivesse feito as cores, mas não tivesse feito a capacidade de vê-las, qual teria sido a sua utilidade? Nenhuma. Em contrapartida, se ele tivesse concedido a capacidade da visão, mas não tivesse produzido os objetos que pudessem ser captados por essa capacidade, qual seria, também nesse caso, a utilidade disso? Nenhuma. Bem, suponha que ele tivesse feito as duas coisas, mas não tivesse criado a luz. Nesse caso, também, elas todas teriam sido inúteis. Quem é, então, que ajustou uma coisa à outra?

O que, então, são essas coisas concedidas a nós apenas? Muitas, na verdade, apenas para nós, das quais o animal racional tinha especial necessidade; mas você encontrará muitas outras coisas em comum entre nós e os animais irracionais. Eles, então, entendem o que foi construído? De jeito nenhum. Pois fazer uso é uma coisa, mas entender é outra; Deus precisava de animais irracionais para fazer uso das aparências, mas de nós para entender o uso das aparências. Portanto, seria suficiente que comessem e bebessem, copulassem e fizessem todas as outras coisas que respectivamente fazem. Mas para nós, a quem ele deu também a capacidade intelectual, essas coisas não são suficientes, pois, a menos que possamos agir de modo apropriado e organizado, e em conformidade com a natureza e a constituição de cada coisa, jamais alcançaríamos o nosso verdadeiro objetivo. Pois onde as constituições dos seres vivos são diferentes, os atos e os fins também o são. Para os animais cuja constituição é adaptada apenas para o uso, o uso por si mesmo já é suficiente; mas em um animal (homem), que também tem o poder de entender o uso, a menos que haja o devido exercício do entendimento, ele nunca atingirá seu fim adequado. Pois Deus constitui cada animal, um para ser comido, outro para servir na agricultura, outro para fornecer o queijo e outro para algum uso semelhante; para que propósito, qual a necessidade de entender as aparências e ser capaz de distingui-las? Mas Deus criou o homem para ser um espectador de Deus e de suas obras; e não apenas um espectador, mas um bom intérprete para elas. Por esse motivo é vergonhoso para alguém começar e terminar como fazem os animais irracionais; mas, ao contrário, ele deveria começar onde eles começam e terminar onde a natureza termina em nós; e a natureza termina em contemplação e entendimento, e em um modo de vida em conformidade com ela. Cuidem, então, para não morrer sem terem sido bons espectadores de todas as coisas.

Mas vocês viajam até Olímpia para observar a obra de Fídias, e todos vocês acham uma desonra morrer sem ter conhecido tais obras. Mas, quando não há necessidade de viajar, e onde qualquer um estiver, encontrar ali mesmo as obras (de Deus) diante de si, você não iria desejar vê-las e entendê-las? Você não iria perceber o que é, ou para que nasceu, ou para que recebeu a capacidade da visão? Mas você poderia dizer: existem algumas coisas desagradáveis e problemáticas na vida. E não há nenhuma delas em Olímpia? Você não está arrasado? Você não está pressionado por uma multidão? Você não está sem os meios confortáveis para tomar banho? Você não fica molhado quando chove? Você não sente o excesso de barulho, do clamor e outras coisas desagradáveis? Mas suponho que, partindo de todas essas coisas desfavoráveis, comparadas à magnificência do espetáculo, você aguenta e persevera. Pois bem, mas você não recebeu as capacidades com as quais será capaz de suportar tudo o que vier a acontecer? Você não recebeu a grandeza da alma? Você não recebeu a virilidade? Você não recebeu a resistência?

E por que me preocupo com qualquer coisa que possa vir a acontecer se eu possuo a grandeza da alma? O que poderia distrair a minha mente, ou me perturbar, ou parecer doloroso? Não deveria eu usar o poder para os objetivos para os quais o recebi, e deveria eu sofrer e lamentar pelo que viesse a acontecer?

Venha, então, tendo observado essas coisas, olhar para as capacidades que possui e, quando as tiver examinado, diga: "Mande agora, ó Zeus, qualquer dificuldade que desejar, pois eu tenho os meios concedidos a mim por ti e poderes para me manter honrado perante as coisas que vierem a acontecer comigo". Você não faz isso; mas permanece quieto, tremendo de medo de que algumas coisas venham a ocorrer, e chorando, lamentando e gemendo pelo que efetivamente acontece; e então você culpa os deuses. Pois qual é a consequência de tal mesquinhez de espírito senão a impiedade? E, no entanto, Deus não apenas nos deu essas capacidades, pelas quais deveríamos ser capazes de suportar tudo o que viesse a nos acontecer, sem ficarmos deprimidos ou alquebrados por isso, mas, como um bom rei e um pai verdadeiro, Ele nos deu essas capacidades livres de obstáculos, sujeitas a nenhuma compulsão, desimpedidas, e as colocou inteiramente sob o nosso poder, sem ter reservado para Si mesmo qualquer poder de nos atrasar ou impedir. Você, que recebeu esses poderes gratuitamente e como seus, não os use; você não consegue nem mesmo enxergar o que recebeu e de quem; alguns de vocês são cegos para a existência do doador, sem nem mesmo reconhecer o seu benfeitor, e outros, por mesquinhez de espírito, dedicam-se a encontrar defeitos e fazer acusações contra Deus. Ainda assim vou mostrar que você tem poderes e meios para a grandeza de alma e virilidade; mas que poderes você tem para encontrar falhas e fazer acusações, você deve me mostrar.

COMO, DO FATO DE SERMOS SEMELHANTES A DEUS, ALGUÉM PODE SEGUIR PARA AS CONSEQUÊNCIAS. Eu realmente acredito que um velho deveria estar sentado aqui, não para imaginar como vocês poderiam eliminar os pensamentos ou os discursos mesquinhos sobre si mesmos, mas para cuidar que não haja entre nós nenhum jovem com tal opinião que, quando eles reconhecerem seu parentesco com Deus, e que somos acorrentados por esses laços, o corpo, quero dizer, e suas posses, e tudo o mais por motivo de nos serem necessárias para a economia e o comércio da vida, eles deveriam se livrar dessas coisas como se fossem fardos dolorosos e intoleráveis, e partir na direção de seus parentes. Mas este é o trabalho ao qual seu professor ou instrutor deveria se dedicar, se ele realmente fosse o que deveria ser. Você deveria ir até ele e dizer: "Epiteto, não podemos mais aguentar estar amarrados a este pobre corpo, alimentá-lo, dar-lhe de beber e lhe fornecer descanso, limpá-lo, e para o seu bem, cumprir os desejos disso ou daquilo. Não são essas coisas indiferentes e sem significado para nós; e não seria a morte algo sem nenhum mal? E não somos nós, de certo modo, os parentes de Deus, e não viemos todos dele? Permita-nos partir para o lugar de onde viemos; permita-nos ser finalmente libertados desses laços pelos quais estamos amarrados e oprimidos. Aqui há ladrões, assaltantes e tribunais, e aqueles que são chamados de tiranos e que pensam que têm algum poder sobre nós por meio do corpo e de suas posses. Permita-nos mostrar-lhes que eles não têm poder sobre nenhum homem". E eu, da minha parte, diria: "Amigos, esperem por Deus; quando ele der o sinal e libertá-los dessa tarefa, vão então até ele; mas, por enquanto, resistam e permaneçam neste lugar onde ele os colocou. Curto, de fato, é esse tempo de sua permanência por aqui, e fácil de suportar, para os que têm disposição para isso; pois qual tirano, qual ladrão, ou que cortes de justiça podem ser consideradas formidáveis para quem considera como coisas sem valor o próprio corpo e as posses do corpo? Esperem, então, não se vão sem que haja um motivo".

DO CONTENTAMENTO. Com respeito aos deuses, há quem diga que não existe um ser divino; outros dizem que existe, mas que não age e que é descuidado, e não se preocupa com absolutamente nada; um terceiro grupo diz que ele existe e age com prudência, mas apenas com relação às grandes coisas e assuntos celestiais, mas sobre nada na terra; um quarto grupo diz que um ser divino exercita a prudência tanto para as coisas terrenas quanto para as celestiais, mas apenas de modo geral, e não sobre as coisas individualmente. Há um quinto grupo de pessoas, ao qual pertencem Ulisses e Sócrates, que afirmam:

Não me movo sem o conhecimento de Ti.
– Ilíada, X, 278.

Antes de qualquer coisa, é necessário investigar sobre cada uma dessas opiniões, se elas são afirmativas verdadeiras ou não. Pois, se não há nenhum deus, como seria mais adequado o nosso objetivo de segui--los? E, se existem, mas não cuidam de absolutamente nada, neste caso também por que seria correto segui-los? Mas se de fato eles existem e cuidam de todas as coisas, mesmo que não haja qualquer comunicação direta deles com os homens, nem de fato para mim, como ainda assim seria correto (segui-los)? O homem sábio e bom, então, depois de avaliar todas essas coisas, submete seus pensamentos àquele que administra o todo, como os bons cidadãos o fazem com as leis do Estado. Aquele que recebe instruções deve buscar ser instruído com esta intenção: como devo seguir os deuses em todas as coisas, como devo me contentar com a administração divina e como posso ser livre? Pois é livre aquele a quem tudo acontece de acordo com sua vontade, e a quem ninguém pode impedir. Então, a liberdade é uma loucura? Certamente, não; pois a loucura e a liberdade não estão em harmonia. Mas, você diz, tudo estaria conforme com meu desejo, e de qualquer modo que eu desejasse. Você está louco, você está fora de si. Você não sabe que a liberdade é algo nobre e valioso? Mas, para que eu possa desejar inconsideradamente que as coisas aconteçam como eu quiser, isso soa, além de não muito nobre, também muito vil. Pois como procedemos na questão da escrita? Desejo escrever o nome de Dion como eu escolher? Não, mas fui ensinado a escolher escrevê-lo como deve ser escrito. E no que diz respeito à música? Do mesmo modo. E como seria, universalmente, em todas as artes ou ciências? Exatamente do mesmo modo. Se não fosse assim, não teria valor o conhecimento sobre qualquer coisa, se ele se adaptasse aos caprichos de cada um. É apenas nisso, naquilo que é o principal, digo, a liberdade, que me é permitido desejar sem nenhuma consideração? De modo algum; mas ser instruído é isso, aprender a desejar que tudo aconteça como deve acontecer. E como as coisas acontecem? Como o concessor as concedeu? E ele nos indicou o verão e o inverno, a abundância e a escassez, a virtude e o vício, e todos os opostos para a harmonia do todo; e a cada um de nós ele concedeu um corpo e suas partes, nossas posses e nossas companhias.

O que nos resta, então, ou que método pode ser descoberto para manter a troca com eles? Existe algum método pelo qual eles possam fazer o que lhes parece adequado, e não estaremos minimamente em um humor em conformidade com a natureza? Mas você não está disposto a suportar e está descontente; e, se você estiver só, chama isso de solidão; e, se estiver entre os outros, irá chamá-los de patifes e ladrões; e irá criticar seus próprios pais e filhos, seus irmãos e vizinhos. Mas você deveria, quando estivesse sozinho, chamar essa condição pelo nome de tranquilidade e liberdade, e pensar que você é parecido com os deuses; e, quando você estiver entre muitos outros, não deveria chamar isso de multidão, nem de problema, nem de inquietação, mas de festival e de reunião, e assim aceitar a tudo com contentamento.

Qual é a punição para os que não aceitarem? É ser o que eles são. Alguém por acaso está insatisfeito por estar sozinho? Deixe que esteja sempre sozinho. Alguém está insatisfeito com os pais? Que ele seja um mau filho e lamente depois. Ele está insatisfeito com seus filhos? Que ele seja um péssimo pai. Joguem-no na prisão. Qual prisão? Na que ele já está, pois ele está nessa situação contra a sua vontade; e onde alguém permanece contra a sua vontade, lá estará ele aprisionado. Então Sócrates não estava na prisão, pois estava lá por vontade própria. Pode minha perna, então, ser condenada? Desgraçado, por causa de uma pobre perna, você critica o mundo todo? Você não a entregaria voluntariamente para salvar o todo? Você não se livraria dela? Você não se afastaria alegremente dela para entregá-la àquele que a deu a você? E você se irritará e ficará descontente com as coisas estabelecidas por Zeus, que ele, com as Moiras (destinos) que estavam presentes e tecendo o fio que sustentou a sua geração, definiu e organizou? Você não sabe quão pequeno você é em relação ao todo. Quero dizer em relação ao corpo, pois, quanto à inteligência, você não é inferior aos deuses nem menos do que eles; pois a magnitude da inteligência não é medida pelo comprimento ou pela altura, mas pelos pensamentos.

COMO TUDO PODE SER FEITO DE MANEIRA ACEITÁVEL PARA OS DEUSES. Quando alguém perguntou "Quanto um homem deve comer de maneira aceitável perante os deuses?", ele respondeu "Se ele consegue comer com justiça e comedimento, e com equanimidade, e temperança e ordenadamente, não seria isso aceitável também para os deuses? Mas, quando você pediu água quente e o seu escravo não o ouviu, ou se o ouviu, mas trouxe apenas água morna, ou ele nem mesmo estava em casa, então, você se irritar ou explodir de raiva, não seria aceitável para os deuses? Como poderia alguém suportar pessoas tais quais esse escravo? Torne-se você um escravo, você não iria tolerar seu próprio irmão, que tem Zeus como progenitor e é como um filho das mesmas sementes e da mesma descendência, lá de cima? Mas, se você fosse colocado em qualquer posição mais destacada, você se tornaria automaticamente um tirano? Você não iria se lembrar de quem você é e a quem você governa? Que eles são seus parentes, que são seus irmãos por natureza, que são também eles descendentes de Zeus? Eu os comprei, mas eles não me compraram. Você vê em que direção está olhando, que é em direção à terra, para a caverna, que é para essas leis miseráveis dos mortos? Mas para as leis dos deuses você não está olhando".

SOBRE A PRECOGNIÇÃO. As precognições são comuns a todos os homens, e a precognição não é contraditória a ela mesma. Pois quem de nós não presume que o Bem é útil e desejável, e em todas as circunstâncias devemos segui-lo e persegui-lo? E quem entre nós não presume que a Justiça seja bela e conveniente? De onde surge, então, a contradição? Surge na adaptação das precognições aos casos particulares. Quando alguém diz "Ele agiu bem; ele é um homem valente", e outro diz "Nem tanto, pois ele agiu estupidamente", então surgem as disputas entre esses dois homens. Esta é a disputa entre os judeus e os sírios e os egípcios e os romanos; não na discussão se a santidade deve ser buscada sobre todas as coisas e em todos os casos, mas se é sagrado comer carne de porco ou não. Você verá a mesma disputa entre Agamenon e Aquiles; então, chamem pelo exemplo de ambos. O que você diz, Agamenon? Não deve ser feito somente o que for apropriado e correto? "Certamente." Bem, o que você nos diz, Aquiles? Você não admite que o que é bom deve ser feito? "Sim, certamente." Adapte suas precognições, então, ao assunto em pauta agora. Aqui começa a disputa. Agamenon diz: "Não devo abrir mão de Criseis para seu pai". Aquiles diz: "Você deveria". É certo que um dos dois fez uma adaptação errada da precognição de "dever" ou "do dever" em si. Em seguida, Agamenon diz: "Então, se devo devolver Criseis, é correto que eu receba uma recompensa de alguns de vocês". Aquiles responde: "Você, então, levaria embora aquela que eu amo?". "Sim, aquela a quem você ama." "Devo, então, ser o único que ficará sem a devida recompensa? E devo ser o único homem que não receberá nenhum prêmio?" Assim começa a disputa.

O que é, então, a educação? Educação é o aprendizado para adaptar as precognições naturais às coisas particulares, em conformidade com a natureza; e distinguir que, entre as coisas, algumas estão sob o nosso poder, mas outras não estão. Sob o nosso poder estão a vontade e todas as ações que dependem dela; coisas que não estão sob o nosso poder são o corpo, as suas partes, os bens, os pais, os irmãos, os filhos, nosso país e, geralmente, todos aqueles com quem vivemos em sociedade. Em que, então, devemos colocar o bem? A que tipo de coisas [do grego: *ousia*] o devemos adaptar? Para as coisas que estão sob o nosso poder? A saúde não é, então, uma coisa boa, e a firmeza dos membros e a vida, assim como os filhos, os pais e o nosso país? Quem iria tolerá-lo se você fosse negar isso?

Vamos transferir a noção do bem para essas coisas. É possível, então, quando alguém sofre algum dano e não recebe coisas boas, que ele possa ser feliz? Não é possível. E ele pode manter um comportamento adequado em relação à sociedade? Ele não pode. Pois sou conformado naturalmente para cuidar de meus próprios interesses. Se for meu interesse ter uma propriedade rural, será de acordo com meu interesse também tomá-la de meu vizinho. Se é do meu interesse ter uma roupa, é do meu interesse roubá-la em um banho público. Esta é a origem das guerras, das comoções civis, das tiranias e das conspirações. E como ainda poderei manter meu dever perante Zeus? Pois, se eu sofro perdas e não tenho sorte, ele não cuida de mim. E o que ele é para mim, se não pode me ajudar? Além disso, o que ele significa para mim se permite que eu esteja na condição em que estou? Agora eu começo a odiá-lo. Por que, então, construímos templos, por que erguemos estátuas para Zeus, bem como para demônios malignos, como a Febre; e como Zeus pode ser o Salvador, aquele que concede a chuva e todos os frutos? E, na verdade, se colocarmos a natureza do Bem em qualquer uma dessas coisas, tudo isso se seguirá.

O que devemos fazer? Esta é a pergunta do verdadeiro filósofo que está constantemente em trabalho de investigação. Agora não vejo o que é o bem nem o que é o mal. Eu não estou louco? Sim. Mas suponha que eu coloque o bem em algum lugar entre as coisas que dependem da vontade; todos vão rir de mim. Aparecerá alguém de cabelos grisalhos com muitos anéis de ouro nos dedos e, ao balançar a cabeça, dirá: "Ouça, meu filho. Está certo que você deva filosofar; mas você deve ter algo no cérebro também; tudo isso que você está fazendo é bobagem. Você aprende o silogismo com os filósofos; mas você sabe agir melhor do que os filósofos". Homem, por que então você me condena, por saber isso? O que devo eu dizer a esse escravo? Se eu ficar em silêncio, ele irá aparecer de repente. Devo falar assim: "Desculpe-me, como você desculparia os amantes; eu não sou meu próprio senhor; estou louco".

SOBRE O MESMO. Se essas coisas forem verdadeiras, e se não somos tolos e não estivermos agindo hipocritamente quando dizemos que o bem do homem está na força de vontade, e o mal, também, e que todo o resto não nos diz respeito, por que ainda nos perturbamos, por que ainda temos medo? As coisas com as quais nos ocupamos não estão sob o poder de ninguém; e as coisas que estão sob o poder dos outros, não nos importamos com elas. Que tipo de problema ainda temos?

Mas dê-me algumas instruções. Por que eu deveria dar-lhe instruções? Zeus não lhe deu todas as instruções? Ele não deu a você o que é seu, livre de obstáculos ou impedimento, e o que não está sujeito a qualquer embaraço e impedimento? Que instruções, então, que tipo de ordens você trouxe quando veio direto dele? Mantenha por todos os meios o que é seu; não deseje o que pertence aos outros. A fidelidade (integridade) é sua, a vergonha virtuosa é sua; quem então pode tirar essas coisas de você? Quem mais, além de você mesmo, pode impedi-lo de usá-las? Mas como você age? Quando você procura o que não é seu, você perde o que é seu. Tendo tais dicas e ordens de Zeus, que tipo de conselho ainda pede para mim? Por acaso sou mais poderoso do que ele, sou mais digno de confiança? Mas se enxergar isso, você ainda quer algo mais? "Bem, mas ele não deu essas ordens", você diz. Produza suas precognições [do grego: *prolaepseis*], produza essas provas dos filósofos, produza o que você ouviu com frequência e o que você mesmo disse, produza o que você leu, sobre o que você meditou; e verá que todas essas coisas são de Deus.

Se coloquei a minha admiração no pobre corpo, entreguei-me para ser um escravo; se coloquei nas minhas pobres posses, também me tornei um escravo. Pois eu imediatamente deixo claro como posso ser pego; como se a cobra atacasse diretamente sobre sua cabeça, digo para você golpear a parte que o inimigo mais protege; e esteja certo de que, seja qual for a parte que você escolher proteger, será essa parte que seu mestre irá atacar. Lembrando-se disso, a quem você ainda vai bajular ou temer?

Mas eu gostaria de me sentar no lugar dos senadores. Você vê que está se colocando em uma situação difícil, que você está se espremendo? Como, então, posso eu enxergar melhor de outro modo no anfiteatro? Homem, não seja de jeito nenhum um espectador, e você não será espremido. Por que você se dá esse trabalho? Ou, espere um pouco, e quando o espetáculo terminar, sente-se no lugar reservado aos Senadores e tome sol ali. Pois lembre-se desta verdade universal, que somos nós que nos espremem, que nos colocamos em apuros; ou seja, nossas opiniões nos espremem e nos colocam em apuros. Pois o que é ser insultado? Fique ao lado de uma pedra e faça alguns insultos, e o que você ganhará? Se alguém ouve como uma pedra, que proveito terá quem o insultou? Mas, se quem o insulta tiver como degrau (ou escada) a fraqueza daquele que é injuriado, então ele consegue algum resultado. Tire-o dali. O que você quer dizer com ele? Segure sua vestimenta e tire-a dele. Eu insultei você. Muito bem, isso pode trazer para você.

Essa era a prática de Sócrates; esta foi a razão pela qual ele sempre teve um único rosto. Mas escolhemos praticar e estudar qualquer coisa, em vez dos meios pelos quais seremos desimpedidos e livres. Você diz: "Filósofos falam paradoxos". Mas não existem paradoxos nas outras artes? E o que seria mais paradoxal do que furar o olho de alguém para que ele possa enxergar? Se alguém dissesse isso a quem não conhecesse a arte da cirurgia, não ridicularizaria o orador? Onde está a maravilha, então, se na filosofia muitas coisas que são verdadeiras também parecem paradoxais para os inexperientes?

EM QUANTAS MANEIRAS EXISTEM AS APARÊNCIAS, E QUE AJUDA DEVEMOS EMPREGAR CONTRA ELAS. As aparências são para nós de quatro maneiras. Pois cada coisa aparece como ela é; ou como ela não é, e nem mesmo parece ser; ou ela é e não parece ser; ou ela não é, e ainda assim parece ser. Além disso, em todos esses casos, formar um julgamento correto (acertar o alvo) é dever de um homem educado. Mas, seja o que for que nos aborreça (perturba), a isso devemos aplicar um antídoto. Se os sofismas de Pirro e dos acadêmicos são o que nos aborrece (incomoda), devemos aplicar o antídoto a eles. Se for a persuasão das aparências, pela qual algumas coisas aparentam ser boas, quando não o são, vamos buscar um antídoto para isso. Se é algum hábito o que nos incomoda, devemos tentar buscar ajuda contra aquele hábito. Que ajuda, então, podemos encontrar contra tal hábito? Um hábito contrário. Você ouve o ignorante dizer: "Aquele infeliz está morto; seu pai e sua mãe estão dominados pela tristeza; ele foi ceifado por uma morte prematura e em uma terra estrangeira". Ouça a maneira contrária de dizer isso. Afaste-se dessas expressões; oponha a um hábito o hábito contrário; à sofística oponha a razão e seu exercício e disciplina; contra as aparências persuasivas (enganosas), devemos ter algumas precognições manifestas [do grego: *prolaepseis*], livres de impurezas e à nossa disposição.

Quando a morte nos parecer algo mau, deveremos ter esta lei em prontidão, que é adequada para evitar as coisas más, e que a morte é algo necessário. Pois o que poderia eu fazer ou para onde poderia fugir para escapar dela? Suponha que eu não seja Sarpedon, filho de Zeus, nem seja capaz de falar com seus modos nobres. Eu irei, decidido a me comportar com coragem, ou a dar a outro a oportunidade de fazê-lo; se eu não tiver sucesso em fazer nada eu mesmo, não guardarei rancor de outro por ter feito algo nobre. Suponha que esteja além do nosso poder agir assim; não estaria em nosso poder raciocinar assim? Diga-me onde eu posso escapar da morte, descubra para mim em qual país, mostre-me aqueles a quem devo procurar, a quem a morte não visite. Descubra para mim um encantamento contra a morte. Se eu não encontrar nenhum, o que você quer que eu faça? Eu não posso escapar da morte. Não devo eu escapar do medo da morte, ou devo morrer lamentando e tremendo? Pois a origem da perturbação é essa, desejar algo, e esse algo que nunca deveria acontecer. Portanto, se sou capaz de mudar as coisas externas de acordo com o meu desejo, eu as mudo; mas, se eu não puder, estarei pronto para arrancar os olhos daquele que tentar me impedir. Pois a natureza do homem não é suportar ser destituído do bem, e não suportar sua queda para o mal. Então, por fim, quando não for capaz de mudar as circunstâncias nem de arrancar os olhos daquele que tentar me impedir, eu me sento, gemendo e insultando quem eu puder, Zeus e todo o panteão dos deuses. Pois se eles não se importam comigo, o que são eles para mim? Sim, mas você será um homem sem fé. De que modo, então, isso seria pior para mim do que é agora? Resumindo, lembre-se de que, a menos que a piedade e o seu interesse estejam na mesma coisa, a piedade não poderá ser mantida em ninguém. Essas coisas não parecem ser necessárias (verdadeiras)?

QUE NÃO DEVEMOS NOS IRRITAR COM OS HOMENS; E QUAIS SÃO AS PEQUENAS E AS GRANDES COISAS ENTRE OS HOMENS.

Qual é a causa de concordar com alguma coisa? O fato de ela parecer ser verdadeira. Não é possível, então, concordar com o que parece não ser verdade. Por quê? Porque essa é a natureza do entendimento, tender para o verdadeiro, estar insatisfeito com o falso e, em questões incertas, recusar-se a concordar. Qual é a prova disso? Imagine (convença a si mesmo), se conseguir, que agora é noite. Não é possível. Abandone o seu convencimento de que é dia. Não é possível. Convença a si mesmo ou remova seu convencimento de que as estrelas são em número par. É impossível. Então, quando qualquer um concorda com algo que seja falso, esteja certo de que ele não queria concordar com o que era falso, pois todos somos apenas involuntariamente privados da verdade, como afirma Platão; mas a falsidade parecia a ele como sendo verdadeira. Bem, nas ações que encontrarmos com o mesmo tipo que temos aqui, verdade ou falsidade? Teremos o adequado e o não adequado (o dever e o não dever), o lucrativo e o não lucrativo, aquilo que é adequado a alguém e o que não é, e tudo o que se assemelhar a isso. Pode, então, alguém pensar que algo é útil para ele e não o escolher? Ninguém pode. O que diz Medeia?

> *É verdade que eu sei, que o mal eu devo fazer,*
> *Mas a paixão domina o melhor conselho.*

Ela imaginou que satisfazer sua paixão e vingar-se do marido seria mais lucrativo do que poupar os seus filhos. Foi assim, mas ela foi enganada. Mostre-lhe claramente que ela foi enganada, e ela não fará o mesmo; mas, enquanto você não o revelar, o que ela poderia seguir, senão o que parece para ela mesma (a opinião dela)? Nada além disso. Por que, então, você se zanga com a mulher infeliz por estar confusa sobre o que é mais importante e se transformar em uma víbora, em vez de agir como uma criatura humana? E por que não, se é possível, antes ter pena, como temos pena dos cegos e dos coxos, daqueles que foram cegados e mutilados nas capacidades que nos são supremas?

Quem, então, se lembrar claramente disso, que para o homem a medida de cada ação é a aparência (a opinião), tenha a coisa uma aparência boa ou má. Se for boa ele está livre de acusações; se for má, ele mesmo sofre a pena, pois é impossível que aquele que é enganado possa ser uma pessoa, e aquele que sofre pelo engano, ser uma outra pessoa; quem quer que se lembre disso, não se zangará, nem se irritará com ninguém, não irá injuriar ou culpar qualquer ser humano, nem odiar, nem brigar com qualquer um.

Então, todos esses feitos grandiosos e terríveis têm essa mesma origem, nas aparências (opiniões)? Sim, essa origem e nenhuma outra. A Ilíada nada mais é do que aparência e o uso das aparências. Pareceu melhor a Alexandre roubar a esposa de Menelau. Pareceu melhor a Helena segui-lo. Se tivesse parecido então a Menelau, que seria um ganho ser privado de tal esposa, o que teria acontecido? Não apenas a Ilíada teria sido perdida, mas a Odisseia, também. As coisas grandiosas dependem, então, de detalhes tão pequenos? Mas o que você quer dizer com coisas grandiosas? Guerras e comoções civis, e a destruição de muitos homens e cidades. E que grande assunto é esse? Não é nada? Mas que grande questão é a morte de muitos bois, muitas ovelhas, ou o fato de muitos ninhos de andorinhas ou cegonhas serem queimados ou destruídos? Essas coisas são assim como aquelas outras? Muito parecidas. Os corpos dos homens são destruídos, assim como os corpos de bois e ovelhas; as residências dos homens são queimadas assim como os ninhos das cegonhas. O que há nisso de grandioso ou terrível? Ou me mostre qual é a diferença entre a casa de um homem e o ninho de uma cegonha, dado que cada uma é uma moradia; exceto que o homem constrói suas casas com vigas, telhas e tijolos, e a cegonha as constrói com gravetos e o barro. Serão a cegonha e o homem, então, coisas semelhantes? O que me diz você? Em seu corpo, eles são muito parecidos.

Então, um homem não difere em nada de uma cegonha? Não suponha que eu diga isso; mas não há diferença nesses aspectos (que acabei de mencionar). Em que, então, reside a diferença? Procure e você descobrirá que há uma diferença em outro assunto. Veja se não está no homem o entendimento daquilo que faz, veja se não está na comunidade social, na fidelidade, na modéstia, na constância, na inteligência. Onde, então, estão o grande bem e o grande mal nos homens? É onde a diferença está. Se a diferença for preservada e permanecer cercada, e nem a modéstia for destruída, nem a fidelidade, nem a inteligência, então o homem também estará preservado; mas, se alguma dessas coisas for destruída e atacada como uma cidade, então também o homem perecerá: e nisso residem as coisas grandiosas. Alexandre, você diz, sofreu grandes perdas quando os helenos invadiram e assolaram Troia e quando seus irmãos pereceram. De jeito nenhum; pois ninguém é prejudicado por uma ação que não seja sua; mas o que aconteceu naquela altura foi apenas a destruição dos ninhos de cegonha. Agora, a ruína de Alexandre foi quando ele perdeu o caráter de modéstia, fidelidade, consideração pela hospitalidade e pela decência. Quando Aquiles encontrou a ruína? Foi quando Pátroclo morreu? Não foi. Mas aconteceu quando ele se zangou, quando chorou por uma garota, quando se esqueceu de que estava em Troia não para conquistar uma amante, mas para lutar. Essas coisas são a ruína dos homens, como ser sitiado, como a destruição de cidades, quando as opiniões corretas são desmontadas, quando são corrompidas.

QUE A CONFIANÇA (CORAGEM) NÃO É INCONSISTENTE COM A CAUTELA.
A opinião dos filósofos talvez pareça a alguns ser um paradoxo; mas mesmo assim vamos examinar o melhor que pudermos, se é verdade que é possível fazer tudo com cautela e com confiança. Pois a cautela parece ser de algum modo contrária à confiança, e os contrários não são de modo algum consistentes. Aquilo que parece a muitos ser um paradoxo no assunto em consideração, em minha opinião, é desse tipo; se afirmássemos que deveríamos usar a cautela e a confiança nas mesmas coisas, os homens poderiam corretamente nos acusar de unir coisas que não podem ser misturadas. Mas onde está exatamente a dificuldade do que foi dito? Pois, se ambas as coisas são verdadeiras, que têm sido frequentemente ditas e provadas, que a natureza do bem está no uso das aparências, e da mesma forma está a natureza do mal, e que as coisas independentes da nossa vontade não admitem nem a natureza do mal nem a do bem, que paradoxo os filósofos afirmam, se dizem que onde as coisas são independentes da vontade, então, você deve aplicar a confiança, mas onde elas dependem da vontade, ali você deve usar da cautela? Pois, se o mal consiste no mau exercício da vontade, a cautela só deveria ser usada quando as coisas fossem dependentes da vontade.

Mas, se as coisas independentes da vontade e que não estão em nosso poder não significam nada para nós, em respeito a elas devemos usar a confiança; e assim seremos cautelosos e confiantes e, de fato, confiantes por causa da cautela empregada. Pois, empregando a cautela em relação às coisas que são realmente ruins, o resultado é que devemos confiar nas coisas que não são assim.

    Estamos, então, na mesma condição dos cervos na floresta; quando, com medo, fogem das flechas dos caçadores, para onde eles se voltam e em que buscam um refúgio seguro? Eles correm para as redes e, assim, morrem por confundir as coisas que deveriam ser consideradas os objetos do medo com as coisas que não deveriam temer. Assim também agimos: em que casos temos medo? Nas coisas que independem da nossa vontade. Em que casos, ao contrário, agimos com confiança, como se não houvesse nenhum perigo? Nas coisas que dependem da nossa vontade. Ser enganado, então, ou agir impulsivamente, ou descaradamente, ou com desejo cruel de buscar algo, não nos diz respeito de forma alguma, se apenas atingirmos o alvo nas coisas que são independentes da nossa vontade. Mas onde há o perigo da morte ou do exílio, ou a dor ou a infâmia, aí tentamos fugir, aí somos tomados pelo terror. Portanto, como podemos esperar que aconteça com aqueles que erram nos assuntos mais relevantes, convertemos a confiança natural (ou seja, em concordância com a natureza) em audácia, desespero, precipitação, descaramento; e convertemos a cautela natural e a modéstia em covardia e maldade, que são repletas do medo e da confusão. Pois, se alguém transferisse cautela para as coisas em que a vontade pode ser exercida e para as ações da vontade, ele imediatamente, com o desejo de ser cauteloso, teria também o poder de evitar o que viesse a escolher; mas, ao transferir cautela para as coisas que não estão em seu poder e sob sua força de vontade, e tentar evitar as coisas que estão sob o poder dos outros, ele necessariamente terá medo, será instável, perturbado; pois nem a morte nem a dor são formidáveis, mas o medo de sentir dor ou da morte. Por isso elogiamos o poeta, que disse:

Não que a morte seja má, mas uma morte vergonhosa.

A confiança (coragem) deve, então, ser usada contra a morte, e a cautela, contra o medo da morte. Mas agora fazemos o contrário e usamos a tentativa de fuga contra a morte; e contra a nossa opinião sobre ela usamos o descuido, a imprudência e a indiferença. A essas coisas Sócrates costumava chamar corretamente de máscaras trágicas; pois, como para as crianças as máscaras parecem terríveis e assustadoras pela falta de experiência, somos afetados do mesmo modo pelos eventos (as coisas que acontecem na vida), por nenhuma razão distinta daquela pela qual as crianças temem as máscaras. Pois, o que é uma criança? Ignorância. O que é uma criança? Falta de conhecimento. Pois quando uma criança conhece essas coisas, ela não é em nada inferior a nós. O que é a morte? Uma máscara trágica. Vire-a e examine melhor. Viu? Ela não morde. O pobre corpo deve ser separado do espírito, seja agora ou mais tarde, como esteve separado antes. Por que, então, você se preocupa se ele é separado agora? Pois, se não o for agora, será depois. Por quê? Para que o ciclo do universo possa ser completado, pois ele precisa do presente, do futuro e do passado. O que é a dor? Outra máscara. Vire-a e examine melhor. A pobre carne é movida grosseiramente, e no seu contrário, suavemente. Se isso não o satisfizer (aprouver), a porta estará aberta; se estiver satisfeito, aguente firme (todas as coisas). Pois a porta deve estar aberta em todas as ocasiões; e assim não teremos problemas.

Qual é, então, o fruto dessas opiniões? É o que deve ser, o mais nobre e o mais adequado para os que são realmente educados, a libertação das perturbações, a libertação do medo. Liberdade. Pois nesses assuntos não devemos acreditar na maioria, que diz que apenas as pessoas livres devem ser educadas, mas devemos antes acreditar nos filósofos, que afirmam que apenas os educados são realmente livres. Como é isso? Desse modo: a liberdade por acaso é outra coisa senão a capacidade de viver conforme escolhemos? Nada além disso. Digam-me então, homens, vocês gostariam de viver no erro? Nós, não. Então, ninguém que vive no erro pode ser livre. Você deseja viver no medo? Você deseja viver na tristeza? Você deseja viver em perturbação? De jeito nenhum. Ninguém, então, que esteja em um estado permanente de medo, tristeza ou perturbação está livre; mas aquele que se livrou das tristezas, medos e perturbações também estará livre da servidão. Como, então, podemos continuar acreditando em vocês, queridos legisladores, quando dizem: nós só permitimos que pessoas livres sejam educadas? Pois os filósofos dizem que não permitimos que ninguém seja livre, exceto os que foram educados; isto é, Deus não permite isso. Quando, então, um homem virou seu próprio escravo de costas diante de um pretor, ele não fez nada? Alguma coisa ele fez. O quê? Ele virou seu escravo de costas diante do pretor. Ele não fez nada além disso? Sim: ele também foi obrigado a pagar por isso o imposto chamado vigésimo. Pois, então, todo homem que passa por essa cerimônia não está livre? Não mais do que se tornou livre de perturbações. Vocês que são capazes dessa virada de posição (libertação) não possuem também seus mestres? O dinheiro não é o seu mestre, ou uma garota, ou um garoto, ou algum tirano ou algum amigo desse tirano? Por que você se incomoda, então, quando vai em direção a alguma provação (perigo) desse tipo? É por esse motivo que digo: estude e mantenha em prontidão esses princípios, pelos quais você pode determinar como tais coisas são, no que se refere ao que se deve ter cautela; corajoso naquilo que não depende de sua vontade e cauteloso naquilo que depende dela.

COMO A MAGNANIMIDADE É CONSISTENTE COM O CUIDADO. As coisas (materiais) por si mesmas são indiferentes, mas o seu uso não é indiferente. Como, então, pode alguém conservar a firmeza e a tranquilidade e, ao mesmo tempo, ser cuidadoso, e nem precipitado, nem negligente? Se ele conseguir imitar os jogadores de dados. As bancas são indiferentes; os dados são indiferentes. Como posso saber qual será a soma final? Mas usar cuidado e destreza no lançamento dos dados, este é o meu negócio. Portanto, também na vida o principal negócio é este: diferenciar e classificar as coisas e dizer: "As coisas externas não estão sob o meu poder: a vontade está sob o meu poder. Onde devo procurar o bom e o mau? Dentro de mim, nas coisas que me pertencem". Mas, nas coisas que não pertencem a você, não chame nada de bom ou mau, ou de lucro ou prejuízo, ou de qualquer outra coisa do gênero.

O quê, então? Devemos usar essas coisas descuidadamente? De maneira nenhuma: pois isso, em contrapartida, é ruim para a capacidade da vontade e, consequentemente, é contra a natureza; mas devemos agir cuidadosamente porque o seu uso não é indiferente, e devemos também agir com firmeza e isenção de perturbações, porque a matéria é indiferente. Pois, onde a matéria não é indiferente, ninguém pode me impedir ou me obrigar. Onde posso ser impedido ou forçado, a conquista dessas coisas não está sob o meu poder, nem é boa nem é má; mas o seu uso é ruim ou bom, e o seu uso está sob o meu poder. Mas é difícil misturar e colocar essas duas coisas juntas, o cuidado daquele que é afetado pela matéria (pelas coisas ao seu redor) e a firmeza daquele que não tem consideração por ela; mas não é impossível e, se for, a felicidade também se torna impossível. Mas devemos agir como fazemos no caso de uma viagem. O que eu posso fazer? Posso escolher o comandante do navio, os marinheiros, o dia da viagem, a oportunidade correta. E então chega uma tempestade. Do que mais eu preciso cuidar? Pois a minha parte está feita. O assunto agora pertence ao outro, ao capitão. Mas o navio está afundando, o que devo fazer então? Faço a única coisa que eu posso para não me afogar, cheio de pavor, nem gritar, nem culpar a Deus, mas sabendo que tudo o que um dia foi criado, um dia irá perecer: pois eu também não sou um ser imortal, mas um homem, uma parte do todo, como uma hora é somente uma parte do dia: devo estar presente como a hora e passar como a hora passa. Que diferença, então, faz para mim como eu vou morrer, seja por sufocação ou por febre, pois irei por algum desses meios.

Como, então, se pode dizer que algumas coisas externas estão em concordância com a natureza e outras lhe são contrárias? Dizem, como se pode dizer, que se fôssemos separados da unidade social (ou sociedade): pois aos pés direi que é de acordo com a natureza estarem limpos; mas, se você o tomar como um pé, ou como alguma coisa que não seja separada (independente), caberá a ele pisar na lama e pisar em espinhos, e às vezes até ser cortado, para o bem de todo o corpo; caso contrário, não seria mais um pé. Devemos pensar de alguma forma semelhante sobre nós também. O que você é? Um homem. Se você se considera separado dos outros homens, é de acordo com a natureza que viva até a velhice, seja rico, seja saudável. Mas, se você se considera um homem e uma parte de certo todo, é para o bem desse todo que, em um momento, você deverá adoecer; em outro momento, fazer uma viagem e enfrentar algum perigo; em outro momento, ainda, irá passar por alguma necessidade e, eventualmente, poderá morrer prematuramente. Por que, então, você está preocupado? Você não sabe que, assim como um pé não seria mais um pé, se estivesse separado do corpo, você não seria mais um homem, se estivesse separado dos outros homens. Pois o que é um homem? Uma parte de um estado, daquele primeiro núcleo que consiste de deuses e de homens; depois, daquele que é o mais próximo a ele, que é uma pequena imagem do estado universal. Pois, então, eu devo ser levado a julgamento; outro deve ter febre, outro ainda navegar pelos oceanos, outro morrer e outro ser condenado? Sim, pois é impossível, em tal universo de coisas, entre tantos homens vivendo juntos, que tais coisas não venham a acontecer, algumas para uns, e outras para outros. É seu dever, então, desde que você chegou aqui, dizer o que deve dizer, organizar essas coisas como for mais adequado. Então alguém diz: "Devo acusá-lo de ter-me feito algum mal". Muito bem pode ter ele feito para você: eu fiz a minha parte; mas, se você também fez a sua, deveria olhar para isso; pois há algum perigo nisso também, que pode passar sem ser notado.

COMO DEVEMOS USAR A ADIVINHAÇÃO. Por causa de uma consideração irracional à adivinhação, muitos de nós omitimos nossos deveres. Pois o que mais pode o adivinho ver senão a morte, o perigo ou a doença, ou coisas genéricas desse tipo? Se, então, eu tiver que me expor ao perigo por causa de um amigo, e se for meu dever até morrer por ele, que necessidade eu teria da adivinhação? Não tenho dentro de mim um adivinho que me falou sobre a natureza do bem e do mal, e me explicou os sinais (ou marcas) de ambos? Que necessidade tenho eu, então, de consultar as vísceras das vítimas ou o voo dos pássaros, e por que me submeto quando ele diz: isso é do seu interesse? Pois como ele sabe o que é do meu interesse, como ele sabe o que é bom; e como ele aprendeu a consultar os sinais pelas vísceras, será que aprendeu também os sinais do bem e do mal? Pois, se ele conhece os sinais desses, conhece os sinais tanto do belo como do feio, e do justo e do injusto. Você me diz, homem, o que é que está definido para mim: é vida ou morte, pobreza ou riqueza? Mas, se essas coisas são do meu interesse ou se não o são, não pretendo perguntar para você. Por que você não guarda sua opinião sobre as questões gramaticais e por que você a oferece aqui sobre as coisas nas quais estamos todos equivocados e disputando uns com os outros?

O que, então, nos leva ao uso frequente da adivinhação? Covardia, o pavor do que irá acontecer. Esta é a razão pela qual lisonjeamos os adivinhos. Por favor, mestre, devo suceder à propriedade de meu pai? Vamos ver: vamos fazer um sacrifício nessa ocasião. Sim, mestre, conforme a sorte o escolher. Quando ele disse: você deve suceder à herança, nós o agradecemos, como se já tivéssemos recebido a herança dele mesmo. A consequência é que eles brincam conosco.

Você não buscará, então, a natureza do bem no animal racional? Pois, se não estiver lá, você não escolherá dizer que ela existe em qualquer outra coisa (planta ou animal). O quê, então? Não são as plantas e os animais também obras de Deus? Elas são; mas elas não são coisas superiores, nem mesmo as partes dos deuses. Mas você é um ser superior; você é uma porção separada da Divindade; você tem em si certa porção dela. Por que, então, ignora sua própria ascendência nobre? Por que você não sabe de onde veio? Não se lembrará, quando estiver comendo, de quem você é, quem come e de quem você se alimenta? Quando você está em um relacionamento social, quando está se exercitando, quando está envolvido em alguma discussão, você não sabe que está nutrindo um deus, que está exercitando um deus? Desgraçado, você está carregando um deus dentro de você e não sabe disso. Você acha que eu quero dizer algum deus de prata ou de ouro, e externo? Você o carrega dentro de si e não percebe que o está poluindo com pensamentos e atos impuros. E, se uma imagem de Deus estivesse presente, você não ousaria fazer nenhuma das coisas que faz; mas, quando o próprio Deus está presente dentro de você, e tudo vê e tudo ouve, você não se envergonha de pensar e fazer tais coisas, ignorante que é sobre sua própria natureza e sujeito à ira de Deus. Então, por que temermos quando estamos mandando um jovem da escola para a vida ativa, a fim de que ele não faça nada de maneira imprópria, coma de maneira imprópria, tenha relações sexuais impróprias com mulheres; e para que os trapos em que está envolto não o rebaixem, para que as roupas finas não o tornem orgulhoso. Este jovem (se ele age assim) não conhece seu próprio Deus; ele não sabe com quem parte (para o mundo). Mas podemos suportar quando ele diz: "Eu gostaria de ter você (Deus) comigo". Você não tem Deus com você? E você procura por algum outro, mesmo quando o tem? Ou Deus lhe diria outra coisa além disso? Se você fosse uma estátua de Fídias, Atenas ou Zeus, pensaria tanto em você quanto no artista, e se tivesse alguma compreensão (poder de percepção), tentaria não fazer nada indigno daquele que o fez ou de você mesmo, e tentaria não aparecer com uma roupa (atitude) imprópria diante daqueles que o observam. Mas, agora, porque Zeus o fez, por esse motivo você não se importa com o modo como deve se apresentar? E, no entanto, o artista (no primeiro caso) é igual ao artista do outro? Ou o trabalho, no primeiro caso, é como o do outro? E que obra de um artista, por exemplo, tem em si as faculdades que o artista mostra ao produzi-la? Não é apenas mármore ou bronze, ouro ou marfim? E a Atena de Fídias, quando uma vez estendeu a mão e recebeu nela a figura da Vitória, permanece nessa postura para sempre. Mas as obras de Deus têm o poder do movimento, elas respiram, têm a capacidade de usar as aparências das coisas e o poder de examiná-las. Sendo o trabalho de tal artista, você o desonraria? E o que devo dizer, não apenas que ele o fez, mas também o confiou a você mesmo e fez um depósito para si mesmo? Você não vai considerar isso também, mas você ainda desonra a sua própria guarda? Mas, se Deus tivesse confiado um órfão a você, você também o negligenciaria? Ele entregou você aos seus próprios cuidados e disse: "Eu não tinha ninguém mais apto a confiá-lo do que a você mesmo; mantenha-o para mim, tal como ele é por natureza, modesto, fiel, altivo, destemido, livre de paixões e de perturbação". E então você não o mantém assim.

Mas alguns dirão: de onde esse sujeito tirou essa arrogância que exibe, esses olhares desdenhosos? Ainda não tenho tanta gravidade quanto convém a um filósofo; pois ainda não sinto confiança no que aprendi e no que já concordei. Ainda temo pela minha própria fraqueza. Deixe-me ganhar confiança, e então você verá um semblante, tal qual eu deveria ter, e uma atitude como também devo ter; então eu lhe mostrarei a estátua, quando estiver acabada, quando já estiver polida. O que você espera? Um semblante arrogante? Por acaso Zeus no Olimpo ergue sua sobrancelha? Não, seu olhar é fixo, como se torna o daquele que está prestes a dizer:

Irrevogável é minha palavra e não falharei.
— Ilíada, I, p. 526.

Assim me exibirei para você, fiel, modesto, nobre, livre de perturbações. O quê, e imortal também, exceto pela velhice e pela doença?

Não, mas é morrendo que se torna um deus, é pela doença que se torna um deus. Este poder eu possuo, isso eu posso fazer. Mas o resto eu não possuo nem poderia possuir. Vou mostrar a coragem (força) de um filósofo. Que coragem é essa? Um desejo nunca decepcionado, uma aversão que nunca recai sobre o que ele evitaria, uma busca adequada [do grego: *hormaen*], um propósito diligente, um consentimento que nunca é precipitado. Isso você verá.

QUE, QUANDO NÃO PODEMOS CUMPRIR O QUE O CARÁTER DE UM HOMEM PROMETE, ASSUMIMOS O CARÁTER DE UM FILÓSOFO. Não é comum (fácil) fazer apenas isso, cumprir a promessa da natureza de um homem. Pois o que é um homem? A resposta é: um ser racional e mortal. Então, pela faculdade racional de quem estamos separados? Das feras selvagens. E de quais outros? De ovelhas e animais semelhantes. Tome cuidado, então, para não agir como uma fera selvagem; mas, se o fizer, você perdeu o caráter de um homem; você não terá cumprido a sua promessa. Cuide para que não faça nada como uma ovelha; mas, se o fizer, também neste caso o homem estará perdido. O que, então, fazemos como se fôssemos ovelhas? Quando agimos com gula, quando agimos com lascívia, quando agimos precipitadamente, de maneira imunda, sem consideração, a que estaremos retrocedendo? Às ovelhas. O que teremos perdido? A faculdade racional. Quando agimos de forma contenciosa, prejudicial, apaixonada e violenta, a que estágio voltamos? Ao das feras selvagens. Consequentemente, alguns de nós nos tornamos grandes bestas selvagens, e outros, pequenos animais, de péssimo ânimo e diminutos, de onde podemos dizer: deixe que eu seja comido por um leão. Mas, de todas essas maneiras, a promessa de um homem agindo como homem é destruída. Pois quando uma proposição conjuntiva (complexa) é mantida? Quando cumpre o que sua natureza promete; para que a preservação de uma proposição complexa ocorra quando ela for uma conjunção de verdades. Quando uma disjuntiva é mantida? Quando cumpre o que promete. Quando as flautas, uma lira, um cavalo, um cachorro são preservados? (Quando eles cumprem sua promessa separadamente.) Qual é a surpresa, então, se o homem também, da mesma maneira, for preservado, e da mesma maneira, se perder? Cada homem se aprimora e se preserva por ações correspondentes, o carpinteiro pelas ações da carpintaria, o gramático pelas ações da gramática. Mas, se alguém se acostuma a escrever sem os rigores da gramática, necessariamente sua arte estará corrompida e será destruída. Assim, as ações modestas preservam o homem modesto, e as ações pouco modestas o destroem; e as ações de fidelidade preservam o homem fiel, e as contrárias o destroem. E, em contrapartida, as ações contrárias fortalecem os caráteres contrários: a falta de vergonha fortalece o homem sem vergonha, a falta de fé, o ateu, as palavras abusivas, o homem abusivo, a raiva enfurece o homem de temperamento raivoso, e o receber e o dar, em proporções desiguais, tornam o avarento ainda mais avarento.

Por esse motivo, os filósofos nos advertem a não estarmos satisfeitos apenas com o aprendizado, mas também a acrescentarmos o estudo e, posteriormente, a prática. Pois há muito nos acostumamos a fazer coisas contrárias e colocamos em prática opiniões que são opostas às opiniões verdadeiras. Se, então, não colocarmos em prática também as opiniões corretas, seremos nada além de expositores das opiniões alheias. Por enquanto, quem entre nós não é capaz de falar de acordo com as regras da arte sobre as coisas boas e más (desta forma exata)? Pois, entre as coisas, algumas são boas, outras são más, e algumas são indiferentes: as boas são, então, as virtudes e as coisas que dela participam; e as más são o contrário; e as indiferentes são a riqueza, a saúde e a reputação. Então, se no meio de nossa conversa fosse ouvido algum ruído mais alto do que o normal, ou se alguns dos presentes rissem de nós, ficaríamos perturbados. Filósofos, onde estão as coisas das quais vocês falavam? Por onde vocês as produziram e pronunciaram? Pelos lábios, e somente por eles. Por que então vocês corromperam os auxílios oferecidos pelos outros? Por que vocês tratam os assuntos menos densos como se estivessem jogando dados? Pois uma coisa é guardar pão e vinho como em um armazém, e outra coisa é comer. Aquilo que foi comido, foi digerido, distribuído e transformado em tendões, carne, ossos, sangue, cor e hálito saudáveis. O que quer que tenha sido armazenado, quando você desejar, pode prontamente pegar e exibir; mas não terá nenhuma vantagem decorrente disso, a não ser mostrar que possui tal reserva. Pois qual é a diferença entre explicar essas doutrinas e aquelas dos que têm opiniões divergentes? Sente-se agora e explique, de acordo com as regras da arte, as ideias de Epicuro, e talvez possa explicá-las de modo mais claro do que o próprio Epicuro. Por que então você se considera um estoico? Por que você engana as massas? Por que você faz o papel de um judeu, quando é um grego? Você não entende como (por que) cada um é chamado de Judeu, ou Sírio, ou Egípcio? E, quando vemos um homem inclinado para dois lados, dizemos: este não é um judeu, mas age como tal. Mas, quando ele assumiu os trejeitos de alguém que foi ensinado com a doutrina judaica e adotou essa seita, então ele se tornou de fato e é chamado então de judeu.

COMO PODEMOS DESCOBRIR OS DEVERES DA VIDA PELOS NOMES.
Considere quem você é. Em primeiro lugar, você é um homem; e aquele que não tem nada superior à capacidade da vontade, mas todas as outras

coisas sujeitas a ela; e a própria faculdade ele possui livre de qualquer sujeição. Considere, então, as coisas das quais você foi separado graças à razão. Você foi apartado das feras selvagens; separado dos animais domésticos [do grego: *probaton*]. Além disso, você é um cidadão do mundo, é uma parte dele, não é um dos subservientes (servindo), mas uma das partes principais (governantes), pois é capaz de compreender a administração divina e de considerar a conexão entre as coisas. O que, então, o caráter de um cidadão promete (professa)? Não considerar nada como lucrativo para si mesmo; não deliberar sobre nada como se fosse apartado da comunidade, mas agir como uma mão ou um pé o fariam se possuíssem a razão e entendessem a constituição da natureza, pois eles jamais se colocariam em movimento nem desejariam nada diferente do que beneficiasse o todo. Portanto, os filósofos dizem corretamente que, se o homem bom tivesse o dom da presciência, ele cooperaria para sua própria doença, morte ou mutilação, uma vez que tem consciência de que tais coisas são atribuídas a ele de acordo com o arranjo universal, e que o todo é superior à parte, e o Estado, ao cidadão. Mas agora, por não adivinharmos o futuro, é nosso dever nos ater aos temas cuja natureza é mais adequada à nossa escolha, pois fomos feitos, entre outras coisas, para isso.

Além disso, lembre-se de que você é um filho. O que esse personagem promete? Considerar que tudo que é do filho pertence ao pai, obedecer a ele em tudo, nunca o culpar para ninguém nem dizer nem fazer qualquer coisa que possa feri-lo, ceder em tudo em favor dele e abrir os seus caminhos, cooperando com ele tanto quanto você puder. Depois disso, saiba que você também é um irmão e que esse personagem deve fazer concessões, ser facilmente convencido, falar bem de seu irmão, nunca reivindicar em oposição a ele qualquer das coisas que são independentes da vontade, mas prontamente abrir mão delas, para que você possa ter a maior parte do que depende da vontade. Pois veja o que é, em troca de uma alface, se assim tiver de ser, ou de um cargo, para conquistar para si a bondade da predisposição. Quão grande é a vantagem.

Depois disso, se você for eleito senador de qualquer Estado, lembre-se de que você é um senador; se for um jovem, que você é um jovem; se for um homem velho, que você é um homem velho; pois cada um desses nomes, se forem bem examinados, assinala os deveres de cada papel apropriado. Mas, se você for culpar o seu irmão, eu lhe digo: você se esqueceu de quem é e qual é o seu nome. Em seguida, se você fosse um ferreiro e fizesse um uso incorreto do martelo, teria se esquecido do que é ser um ferreiro; e, se você se esqueceu do que é um irmão, e em vez dele se tornou um inimigo, você não pareceria ter trocado uma coisa por outra nesse caso? E se, em vez de um homem, que é um animal domesticado e social, você se tornasse uma fera maliciosa, traiçoeira e afiada, você não teria perdido nada? Mas (suponho) você deve perder algum dinheiro para que possa sofrer algum dano? E a perda de mais nada causaria algum dano a alguém? Se você perdesse a arte da gramática ou da música, você consideraria essa perda um dano? E, se você perdesse a modéstia, a moderação [do grego: chtastolaen] e a gentileza, você acha que tal perda não significaria nada? E, no entanto, as coisas primeiramente mencionadas são geralmente perdidas por alguma causa externa e independente da vontade, e as segundas, por nossa própria culpa; e, quanto às primeiras, nem as ter nem as perder é motivo de vergonha; mas, em relação às segundas, não as ter e as perder é vergonhoso e motivo de reprovação e infortúnio.

O quê, então? Não devo ferir aquele que me feriu? Primeiro considere o que significa ferir [do grego: *blabae*] e lembre-se do que ouviu dos filósofos. Pois, se o bem consiste na vontade (propósito, intenção, [do grego: *proaireeis*]) e se o mal também estiver na vontade, veja se o que quer dizer não é isto: o que fazer, então, se aquela pessoa feriu a si mesma por cometer uma injustiça comigo, não devo eu me ferir cometendo uma ação injusta contra ela? Por que não imaginamos para nós mesmos (pensamos mentalmente) algo desse tipo? Mas, onde houver algo em detrimento do corpo ou das nossas posses, ali existe o dano; e, onde a mesma coisa acontece à faculdade da vontade, não haverá (você supõe) nenhum dano, pois aquele que foi enganado ou que cometeu um ato injusto não sofre nada na cabeça, nem nos olhos, nem no quadril, nem perde sua propriedade; e não desejamos nada além do que (segurança para) essas coisas. Mas, quer tenhamos a vontade modesta e fiel ou desavergonhada e infiel, não damos a mínima importância, com exceção apenas da escola, no que diz respeito a algumas palavras. Portanto, nossa proficiência é limitada a poucas palavras; porém, além delas, não existe nada, mesmo no menor grau.

QUAL É O PRINCÍPIO DA FILOSOFIA. O início da filosofia, ao menos para quem entra nela da maneira certa e pela porta, é a consciência de sua própria fraqueza e a inabilidade sobre as coisas necessárias; pois viemos ao mundo sem nenhuma noção intrínseca do que seja um triângulo retângulo, ou de um sustenido (meio semitom), ou de um semitom; mas aprendemos cada uma dessas coisas por certa transmissão de acordo com a arte; e por isso aqueles que não os conhecem não pensam que os conhecem. Mas, quanto ao bem e ao mal, ao belo e o feio, ao atrativo e ao não atrativo, à felicidade e ao infortúnio, ao adequado e o inadequado e ao que devemos fazer e ao que não devemos fazer, quem veio a este mundo sem ter uma ideia inata deles? Portanto, todos nós usamos esses nomes e empreendemos para ajustar as preconcepções aos vários casos (coisas) assim: ele agiu bem, não agiu tão bem; ele fez o que deveria, não fez o que deveria; ele foi infeliz, ele foi desfavorecido; ele foi afortunado; ele é injusto, é justo; quem nunca usou essas palavras? Quem entre nós adiou o seu uso até que as tenha aprendido, como adiou o uso da nomenclatura das linhas (figuras geométricas) ou dos sons? E a causa disso é que viemos ao mundo já ensinados pela natureza em algumas coisas sobre esse assunto [do grego: *topon*], e prosseguindo a partir delas nós adicionamos a elas a presunção [do grego: *oiaesin*]. Mas como assim, diz um homem, por acaso não conheço o belo e o feio? Eu não tenho nenhuma noção disso? Você tem. Não consigo adaptá-las aos casos particulares? Você consegue. Então, não os adapto adequadamente? Exatamente aí está a questão; e a presunção é adicionada aqui; pois, iniciando por essas coisas que são admissíveis, os homens passam para o que está em disputa por meio da adaptação inadequada; pois, se tivessem esse poder de adaptação somado a essas coisas, o que os impediria de serem perfeitos? Mas, já que você acredita poder adaptar corretamente as preconcepções aos casos particulares, diga-me de onde você derivou isso (supor que pode fazê-lo). Porque eu creio que sim. Mas não parece do mesmo modo para um outro, e ele também pensa que pode fazer uma adaptação apropriada; ou ele não pensa assim? Ele pensa assim também. É possível, então, que vocês dois possam aplicar corretamente as preconcepções às coisas sobre as quais têm opiniões contrárias? Não é possível. Você pode, então, mostrar-nos alguma coisa melhor para adaptação das preconcepções para além do seu pensamento de que você consegue fazê-lo? Será que o louco faz mais alguma coisa além das que lhe parecem corretas? Então, esse critério é suficiente para ele também? Não é suficiente. Vamos, então, para algo que seja superior ao parecer [do grego: *tou dochein*]. O que é, então?

Veja, esse é o começo da filosofia, uma percepção da discordância entre os homens, e uma investigação sobre os motivos ou a causa dessa discordância, e uma condenação e desconfiança das coisas que apenas "parecem", e uma certa pesquisa daquilo que "parece", se "parece" corretamente, e a descoberta de alguma regra [do grego: *chanonos*], pois descobrimos um equilíbrio na determinação dos pesos, e uma regra do carpinteiro (ou quadrado) no caso de coisas retas e tortas. Esse é o começo da filosofia. Devemos dizer que todas as coisas estão certas, que assim parecem para todos? E como é possível que as contradições possam estar certas? Nem todas, então, mas todas que nos pareçam estar certas. Quanto mais para você do que para aquelas que parecem certas para os sírios? Por que mais do que as que parecem estar corretas para os egípcios? Por que mais do que parecem estar certas para mim ou para qualquer outro? Nem um pouco mais. O que, então, "parece" a todos não é suficiente para determinar o que "é"; pois nem no caso dos pesos nem no das medidas estamos satisfeitos simplesmente com a aparência, mas em cada caso descobrimos certa regra. Nesse caso, então, não há regra superior ao que "parece"? E como é possível que as coisas mais necessárias entre os homens não tenham um sinal (marca) e sejam incapazes de ser descobertas? Existe, então, alguma regra. E por que, então, não procuramos pela regra e a descobrimos, e depois a usamos sem desviar dela, nem mesmo para alongar o dedo sem ela? Por isso, acredito, é algo que, quando descoberto, cura de sua loucura os que usam o mero "parecer" como medida e fazem mau uso dele; de modo que, para o procedimento futuro de certas coisas (princípios) conhecidas e esclarecidas, nós podemos usar, no caso de coisas particulares, as preconcepções que são distintamente fixas.

Qual é o problema que nos foi apresentado e sobre o qual estamos investigando? O prazer (por exemplo). Sujeite-o à regra, coloque-o na balança. Deve o bom ser tal coisa que seja adequada, e que nele tenhamos confiança? Sim. E em que devemos confiar? Deve ser. É adequado confiar em qualquer coisa que seja insegura? Não. Então o prazer é algo seguro? Não. Pegue-o, então, e jogue-o fora da balança, e afaste-o do lugar das coisas boas. Mas, se você não tiver a visão apurada e uma única balança não for suficiente para você, traga outra. É adequado ficar exultante em relação ao que é bom? Sim. É apropriado, então, ficar exultante com o prazer atual? Observe para que você não diga que é apropriado; mas, se o fizer, não devo nem mesmo considerá-lo digno do equilíbrio. Assim as coisas são testadas e pesadas quando as regras estão prontas. E filosofar é isso, examinar e confirmar as regras; e então usá-las quando se tornarem conhecidas é a ação de um sábio e bom homem.

DAS DISPUTAS OU DISCUSSÃO. As coisas que alguém deve aprender a fim de ser capaz de aplicar a arte da disputa foram precisamente demonstradas por nossos filósofos (os estoicos); mas, no que diz respeito ao uso correto das coisas, estamos inteiramente sem prática. Dê a qualquer um de nós, a quem quiser, um analfabeto para debater, e ele não poderá descobrir como lidar com tal homem. Mas, quando ele comover um pouco esse homem, se ele responder além do esperado, não saberá como tratá-lo, mas irá, então, ou abusar dele ou o ridicularizar e dirá: ele é um analfabeto; não é possível fazer nada com ele. Agora, um guia, quando encontra alguém fora da estrada, o conduz até o caminho certo; ele não o ridiculariza ou o maltrata e depois o abandona. Você também mostra a verdade ao analfabeto e verá que ele consegue segui-la. Mas, até que você não lhe mostre a verdade, não o ridicularize, mas, ao contrário, sinta sua verdadeira incapacidade.

Bem, essa foi a primeira e principal peculiaridade de Sócrates: nunca se irritar em uma discussão, nunca dizer nada que fosse abusivo, nada insultuoso, mas aguentar as pessoas abusivas e pôr fim a qualquer disputa. Se você quiser saber que grande poder ele tinha dessa maneira, leia o Simpósio de Xenofonte e verá quantas disputas ele encerrou. Portanto, com boa razão, entre os poetas este poder é muito elogiado também:

Rapidamente e com habilidade, ele concilia grandes disputas.
– Hesíodo, Teogonia, V, 87.

SOBRE A ANSIEDADE (PREOCUPAÇÃO). Quando vejo alguém ansioso, costumo perguntar: o que deseja este homem? Se ele não deseja algo que não está sob o seu poder, por que estaria ele ansioso? Por isso o tocador de alaúde, quando está cantando sozinho, não sofre pela ansiedade, mas, quando entra no teatro, ele fica ansioso, mesmo que tenha uma voz treinada e toque bem o alaúde; pois ele não apenas quer cantar bem, mas também conseguir aplausos: mas isso não está sob o seu poder. Consequentemente, onde ele tem mais habilidades, ele tem confiança. Traga alguém que não conheça nada sobre a música, e o músico não se importará com ele. Mas, no assunto em que alguém nada sabe e não possui nenhuma prática, aí estará ele ansioso. Que assunto é esse? Ele não sabe o que é uma multidão ou o que é ser elogiado por ela.. No entanto, ele aprendeu a executar o acorde mais grave e o mais agudo; mas o que significa o elogio da plateia e que poder isso tem em sua vida, ele nem sabe nem consegue pensar a respeito. Portanto, ele deve necessariamente tremer e empalidecer. Alguém, então, tem medo das coisas que não são más? Não. Ele teme as coisas que são más, mas ainda tão longe sob seu poder, que podem eventualmente nunca acontecer? Certamente, não. Se, então, as coisas que são independentes da vontade não são nem boas nem más, e tudo o que depende da vontade está ao nosso alcance, e ninguém pode tirá-lo de nós ou dá-lo a nós, se assim não escolhermos, onde haveria algum espaço para a ansiedade? Mas somos ansiosos com relação ao nosso pobre corpo, nossa pequena propriedade, sobre a vontade de César; mas não ficamos ansiosos pelas coisas internas. Ficamos ansiosos para não formarmos uma opinião falsa? Não, pois isso está em meu poder. Sobre não aplicar nossos movimentos contra a natureza? Não, nem mesmo sobre isso. Quando, então, você vê alguém empalidecer, como dizem os médicos, a julgar pela cor de sua pele, o baço desse homem está desordenado, e seu fígado; então, se o seu desejo e a sua aversão também estão desordenados, ele não está no caminho certo, ele está febril. Pois nada além muda a cor ou causa tremores ou o bater dos dentes, ou faz com que alguém

Ajoelhe-se e mude de um pé para o outro.
– Ilíada, XIII, 281.

Por isso, quando Zenão ia se encontrar com Antígono, ele não estava ansioso, pois Antígono não tinha poder sobre nada que Zenão admirava; e Zenão não se importava com as coisas sobre as quais Antígono exercia seu poder. Mas Antígono estava ansioso quando ia encontrar Zenão, pois desejava agradá-lo; mas isso era algo externo a ele (fora de seu poder). Mas Zenão não queria agradar a Antígono, pois ninguém que seja hábil em alguma arte deseja agradar a alguém que não tenha nenhuma habilidade no assunto.

Devo tentar agradar você? Por quê? Suponho que você saiba a medida pela qual alguém é estimado pelo outro. Você se esforçou para aprender o que é um homem bom e o que é um homem mau, e como alguém se torna uma coisa ou a outra? Por que, então, você mesmo não é bom? Como, ele responde, eu não sou bom? Porque ninguém que é bom se lamenta, nem geme, nem chora, nenhum homem bom empalidece ou treme, ou diz: como ele me receberá, como irá me ouvir? Escravo, do jeito que ele quiser. Por que você se preocupa com o que pertence aos outros? Agora, é culpa dele se ele recebe mal o que vem de você? Certamente. E é possível que a culpa seja de alguém e o mal esteja em um outro? Não. Por que, então, você está ansioso com o que pertence aos outros? Sua pergunta é razoável; mas estou ansioso para saber como devo falar com ele. Você não pode falar com ele como quiser? Mas temo que fique desconcertado? Se vai escrever o nome Dion, teme que possa ficar desconcertado? De jeito nenhum. Por quê? Não é porque você praticou para escrever esse nome? Certamente. Bem, se você fosse ler esse mesmo nome, não sentiria o mesmo? E por quê? Porque toda arte possui alguma força e confiança nas coisas que lhe pertencem. Você não praticou a oratória? E o que mais você aprendeu na escola? Silogismos e proposições sofistas? Para qual propósito? Não foi com o propósito de discursar com habilidade? E discursar com habilidade não é o mesmo que discursar pausadamente e cautelosamente com inteligência, e também sem cometer erros e sem interrupções e, acima de tudo, com confiança? Sim. Quando, então, você está montado em um cavalo e segue para uma planície, fica ansioso por se confrontar com alguém que está a pé, ou ansioso por um assunto em que você é treinado e ele não? Sim, mas essa pessoa (com quem vou falar) tem o poder de me matar. Fale a verdade, então, homem infeliz, e não se gabe, nem se apresente como um filósofo, nem se recuse a elogiar seus mestres, mas, enquanto você apresentar essas marcas em seu corpo, siga qualquer um que seja mais forte do que você. Sócrates costumava praticar a oratória, ele que falava com os tiranos, que falava com os dicastos (juízes), que falava na prisão. Diógenes havia praticado a oratória, ele que falou, como sabemos, com Alexandre, com os piratas, com a pessoa que o comprou. Esses homens estavam confiantes nas coisas que haviam praticado. Mas você se afasta para os seus próprios assuntos e nunca os abandona: sente-se em um canto, e teça silogismos, e os proponha a alguém. Não está em você ser o homem que pode governar um Estado.

PARA NASO. Quando certo romano entrou com seu filho e ouviu um de seus discursos, Epiteto disse: esse é o método de instrução; e ele parou. Quando o romano lhe pediu para prosseguir, Epiteto disse: toda arte, quando é ensinada, dá trabalho àquele que não está familiarizado com ela e não possui habilidade nela, e de fato as coisas que decorrem das artes mostram imediatamente sua utilidade nos propósitos para os quais foram feitas; e a maioria delas contém algo atraente e agradável. Pois, de fato, estar presente e observar o processo de aprendizado de um sapateiro não é uma coisa agradável; mas o sapato é útil e não é nada desagradável de se observar. E a disciplina de um ferreiro quando está em fase de aprendizado é muito desagradável para quem teve a oportunidade de estar presente e não conhece aquela arte: mas o trabalho reflete o uso dessa arte. Mas você verá muito mais ainda sobre isso na música; pois, se você estiver presente quando alguém está aprendendo, a disciplina parecerá muito desagradável; e, no entanto, os resultados da música são agradáveis e deliciosos, mesmo para quem nada conhece sobre música. E aqui consideramos o trabalho de um filósofo como algo do mesmo tipo: ele deve adaptar seu desejo [do grego: *boulaesin*] ao que está acontecendo, de modo que nenhuma das coisas que estejam acontecendo possa ocorrer ao contrário de nosso desejo; nem qualquer uma das coisas que não estejam acontecendo não aconteça quando nós desejarmos que elas aconteçam. Disso, o resultado é, para os que assim organizaram o trabalho da filosofia, não falhar no desejo, nem cair no que eles gostariam de evitar; sem inquietação, sem medo, sem perturbação de passar pela vida eles próprios, junto com seus companheiros, mantendo as relações tanto naturais como adquiridas, como a relação de filho, de pai, de irmão, de cidadão, de homem, de esposa, de vizinho, de companheiro de viagem, de governante, de governado. Concebemos a obra de um filósofo como sendo algo assim. Ainda nos resta perguntar como isso pode ser feito.

Vemos, então, que o carpinteiro [do grego: *techton*], depois de ter aprendido algumas coisas, torna-se um carpinteiro; o piloto, ao aprender certas coisas, torna-se um piloto. Não seria, então, também na filosofia, insuficiente apenas querer ser sábio e bom, e fosse também necessário aprender certas coisas? Perguntamos que coisas seriam essas. Os filósofos dizem que devemos primeiro aprender que existe um Deus e que ele provê todas as coisas; também que não é possível esconder dele nossas ações, ou ainda nossas intenções e pensamentos. A próxima etapa é aprender qual é a natureza dos deuses; pois, tal como descobrimos que eles são, aquele que deseja agradá-los e obedecer-lhes deve tentar com todas as forças ser como eles. Se a divindade é fiel, o homem também deve ser fiel; se é livre, o homem também deve ser livre; se é beneficente, o homem também deve ser beneficente; se é magnânima, o homem também deve ser magnânimo; ao se tornar um imitador de Deus, ele deve praticar e dizer tudo de acordo com esse fato.

A FAVOR OU CONTRA AQUELES QUE OBSTINADAMENTE PERSISTEM NO QUE DECIDIRAM. Quando algumas pessoas ouvem essas palavras, que o homem deve ter constância (firmeza) e que a vontade é naturalmente livre e não se submete à compulsão, mas que todo o resto está sujeito a obstáculos, à escravidão e está nas mãos dos outros; elas supõem que devem manter, sem nenhum desvio, tudo o que um dia decidiram fazer. Mas, antes de tudo, o que foi decidido deve ser sólido (verdadeiro). Eu preciso ter tônus (tendões) no corpo, mas do modo que existe em um corpo saudável, em um corpo atlético; mas, se está claro para mim que você tem o tônus de alguém enlouquecido e se gaba disso, direi a você: "Homem, procure um médico; isso não é um tônus adequado, mas atonia (deficiência no tônus correto)". De outro modo, algo parecido é sentido pelos que ouvem esses discursos de maneira errada; foi esse o caso com um dos meus companheiros, que sem motivo resolveu que iria morrer de fome. Soube do assunto quando ele estava no terceiro dia de abstinência de comida e fui perguntar o que estava acontecendo. "Eu decidi", disse ele. "Mesmo assim, me diga o que o convenceu a decidir por isso; pois, se você decidiu corretamente, nós nos sentaremos com você e o ajudaremos a partir, mas, se você tomou uma resolução irracional, mude agora de ideia." "Devemos manter as nossas próprias decisões." "O que você está fazendo, homem? Não devemos manter todas as nossas decisões, mas apenas aquelas corretas; pois, se agora você está convencido de que está certo, não mude de ideia; se achar que isso é adequado, mas persista e diga 'Devemos manter as nossas decisões'. Você não iniciará fazendo essa pergunta, estabelecendo as bases corretas por uma investigação se a decisão está sólida ou não, e então partirá para a construção sobre ela com firmeza e segurança? Mas, se você construir um alicerce podre e decadente, o seu pequeno e infeliz edifício cairá muito cedo, quanto melhores e mais fortes forem os materiais que você colocar nele? Sem nenhum motivo, você retiraria de nós, da vida, alguém que é um amigo e companheiro, um cidadão da nossa cidade, tanto da grande como da pequena comunidade? Então, enquanto estiver assassinando e destruindo alguém que não fez nada de errado, dirá que deve manter à risca as suas decisões? E, se de alguma forma veio à sua cabeça a ideia de me matar, você deveria mesmo assim acatar a sua decisão?"

Então esse amigo foi, com alguma dificuldade, convencido a mudar de ideia. Mas é impossível convencer algumas pessoas imediatamente; de modo que agora pareço saber o que antes não sabia, o significado do ditado popular, que não se pode convencer nem dominar um tolo. Que nunca esteja em meu destino ter um tolo sábio como amigo; nada é mais intratável. "Estou decidido", diz alguém. Os loucos também estão, mas, quanto mais fortemente eles formam um julgamento de coisas que não existem, mais heléboro eles exigem. Você não vai agir como um doente e chamar o médico? "Estou doente, mestre, ajude-me; diga-me o que devo fazer: é meu dever obedecer-lhe". Do mesmo modo ocorre aqui: não sei o que devo fazer, mas vim aprender. "Não é bem assim; mas me fale sobre outros assuntos: sobre isso eu já me decidi". "Que outros assuntos? Pois o que é mais fantástico e de maior utilidade para você do que ser convencido de que não é suficiente ter tomado a sua decisão e não mudá-la. Esse é o tônus (energia) da loucura, não da saúde". "Eu morrerei se você me obrigar a isso." "Por quê, homem? O que aconteceu?" "Porque assim eu decidi, tive uma escapada de sorte, pois você não quis me matar, e eu não aceitei nenhum dinheiro". "Por quê?" "Porque eu decidi assim, esteja certo de que, com o tônus (energia) apropriado que você usa agora, ao se recusar a aceitar, não há nada que o impeça, em algum momento futuro, de se decidir sem motivo a aceitar dinheiro, e então dizer: eu decidi assim". Como em um corpo desequilibrado, sujeito a alucinações, o humor às vezes tende para um lado e depois para um outro, assim como uma alma doentia não sabe para que lado se inclinar; mas, se a essa tendência e movimento for acrescentado um tônus (resolução obstinada), então o mal é superado pela ajuda e pela cura.

QUE NÃO NOS ESFORÇAMOS PARA USAR NOSSAS OPINIÕES SOBRE O BEM E O MAL. Onde está o bem? Na força de vontade. Onde está o mal? Na força de vontade. Onde nenhum deles está? Nas coisas que não dependem da nossa vontade. Bem, e então? Alguém entre nós se lembra dessas lições fora das escolas? Alguém entre nós medita (se esforça) sozinho para responder às coisas como se fossem perguntas? – É dia? – Sim. – É noite? – Não. – Bem, o número de estrelas é par? – Não tenho como afirmar. – Quando algum dinheiro é mostrado (oferecido) para você, você estudou para dar a resposta adequada, que o dinheiro não é uma coisa boa? Você praticou essas respostas ou apenas contra os sofismas? Por que você se pergunta, então, se, nos casos em que você estudou, conseguiu observar alguma melhora; mas, naqueles que não estudou, nesses você continua igual? Quando o retórico sabe que escreveu bem, que guardou na cabeça o que escreveu e traz uma voz agradável, por que ainda ficaria ansioso? Porque ele não está satisfeito por ter estudado.

O que, então, ele quer? Ser elogiado pelo público? Com o objetivo de poder praticar a declamação ele foi treinado; mas, com relação a elogios e acusações, ele não recebeu nenhum treinamento. Pois, quando ele ouviu de alguém o que é o elogio, o que é a culpa, qual é a natureza de cada um deles, que tipo de elogio ele deverá buscar ou que tipo de culpa deve ser evitado? E, quando ele tiver praticado essa disciplina que se segue a essas palavras (coisas)? Por que, então, você ainda se pergunta se, nos assuntos que alguém estudou, ele supera os demais e, naqueles em que não se disciplinou, ele permanece igual à maioria. Portanto, o tocador de alaúde sabe tocar, canta bem e tem as roupas alinhadas, mas ainda assim treme ao entrar no palco; ele conhece bem essas coisas, mas não sabe o que é uma multidão, nem os gritos de uma plateia, nem o que é o sentimento do ridículo. Ele também desconhece a ansiedade, se é uma ação nossa ou dependente de outra pessoa, se é possível contê-la ou não. Por isso, se ele for aplaudido, sairá do teatro com o ego inflado, mas, se for ridicularizado, é como um balão perfurado que murcha ou explode.

Assim também acontece conosco. O que nós admiramos? As coisas externas. Com que coisas nos ocupamos? Com as coisas externas. E, se temos alguma dúvida, então por que temos ou por que estamos ansiosos? O que acontece quando pensamos que as coisas que virão pela frente são ruins? Não está sob o nosso controle não ter medo, não está sob o nosso controle não sofrer de ansiedade. Então, dizemos: "Senhor Deus, como eu posso não estar ansioso?" Tolo, você não tem as mãos, Deus não as deu para você? Sente-se agora e reze para o seu nariz não escorrer. Limpe-se, e não o culpe. Pois bem, ele não lhe deu nada nesse caso? Ele não lhe deu a resistência? Ele não lhe deu a magnanimidade? Ele não lhe deu a virilidade? Quando você possui essas mãos, ainda busca ajuda para limpar o seu próprio nariz? Mas nós nem estudamos essas coisas nem nos importamos com elas. Mostre-me alguém que se importe em como fazer qualquer coisa, não para obter algo, uma vantagem, mas que se importe com a energia. Quem, quando está perambulando, se preocupa com sua própria energia? Quem, quando está deliberando, se preocupa com sua própria deliberação, e não em conquistar aquilo sobre o que delibera? E, se ele tiver sucesso, ele se alegra e diz: "Como decidimos assim tão bem; não lhe disse, irmão, que seria impossível, quando pensamos bem sobre algo, não conseguir um resultado assim favorável?" Mas, se as coisas acontecessem de forma inversa, o infeliz se humilharia; ele nem sabe bem o que falar sobre o que aconteceu. Quem entre nós, por causa de um assunto desses, consultou um vidente? Quem entre nós, quanto às suas ações, não dormiu com total indiferença? Quem? Dê-me (nomeie) um para que eu possa encontrar aquele, que há tempos procuro, que seja verdadeiramente nobre e criativo, seja ele jovem ou velho; diga-me apenas um nome.

Quais são as coisas, então, que pesam sobre nós e que nos perturbam? O que são, além das opiniões? O que mais além de opiniões pesa sobre aquele que parte e deixa seus companheiros, amigos, lugares e hábitos de vida? Já as crianças pequenas, por exemplo, quando choram porque a babá os deixou por algum tempo, esquecem-se da tristeza se recebem um pedaço de bolo. Você escolhe ser comparado a crianças pequenas? Não, por Zeus, pois não quero ser acalmado por um pedaço de bolo, mas pelas opiniões corretas. E quais são elas? Tal como alguém que deve estudar o dia todo, não se deixar afetar por nada que não seja seu, nem por qualquer companhia, nem por um lugar, nem pela ginástica, e nem mesmo por seu próprio corpo, mas para se lembrar da lei e tê-la diante dos olhos. E qual é a lei divina? Manter o que for exclusivamente seu, não reivindicar o que pertence aos outros, utilizar o que lhe foi dado, e, quando nada for dado, nada desejar; e, quando algo lhe for tirado, entregar pronta e imediatamente, e ser grato pelo tempo que aproveitou de seu uso, se você não chorar por sua babá e mamãe. Pois que importância tem, por quais coisas alguém é subjugado, e do que ele depende? Em que aspecto você é superior àquele que chora por uma garota, se você sofre por um pequeno ginásio esportivo, e pequenos pórticos, e pelos rapazes e tais lugares de diversão? Outro vem e lamenta que não beberá mais a água de Dirce. A água de Marciano é pior do que a de Dirce? Mas eu estava acostumado com a água de Dirce. E você, por sua vez, se acostumar-se-á com a outra. Então, se você se apegar a ela também, chore e tente fazer um verso como o de Eurípides,

Os banhos quentes de Nero e as águas marcianas.

Veja como a tragédia aparece quando coisas comuns acontecem aos homens mais tolos.

Quando, então, verei Atenas e a Acrópole novamente? Desgraçado, você não se contenta com o que vê diariamente? Você tem algo melhor ou mais grandioso para ver do que o sol, a lua, as estrelas, a terra inteira, o mar? Mas, se de fato você compreende Aquele que administra o todo e o carrega dentro de si, ainda vai querer pequenas pedras e uma bela rocha?

COMO DEVEMOS ADAPTAR AS PRECONCEPÇÕES AOS CASOS PARTICULARES. Qual é a primeira missão daquele que filosofa? Jogar fora a presunção [do grego: *oiaesis*]. Pois é impossível para qualquer um começar a aprender o que ele acha que já sabe. Como para as coisas que devem ou não ser feitas, as boas e as más, as belas e as feias, todos nós, que falamos sobre elas ao acaso, vamos até os filósofos; e nessas questões nós elogiamos, censuramos, acusamos, culpamos, julgamos e decidimos sobre princípios honoráveis e desonrosos. Mas por que procuramos os filósofos? Porque queremos aprender o que não imaginamos que sabemos. E o que é isso? Os teoremas. Pois queremos aprender o que os filósofos dizem ser algo elegante e preciso; e alguns desejam aprender como conseguir algum lucro com o que aprenderam. É ridículo, então, pensar que alguém possa querer aprender algo e aprenderá outro; ou, ainda, que alguém se tornará proficiente naquilo que nunca aprendeu. Mas a maioria se engana com isso, que também enganou o retórico Teopompo, quando ele acusa até mesmo Platão por desejar que tudo estivesse já definido. Pois o que ele disse? Nenhum de nós antes de você usou as palavras bom ou justo, ou pronunciou os sons de uma forma vazia e sem sentido, sem entender o que eles significam, individualmente? Agora quem lhe disse, Teopompo, que não tínhamos ideias inatas de cada uma dessas coisas e preconcepções [do grego: *prolaepseis*]? Mas não será possível adaptar as preconcepções aos seus objetos correspondentes se não os tivermos distinguido (analisado) e indagado qual objeto deve ser relacionado a cada preconcepção. Você pode fazer a mesma acusação contra os médicos também. Pois quem de nós nunca usou as palavras saudável e doente antes da época de vida de Hipócrates, ou pronunciou essas palavras como sons vazios? Pois também temos certa preconcepção da saúde, mas não somos capazes de adaptá-la. Por isso se diz: abstenha-se da comida; outro diz: deem mais comida; outro ainda diz: faça uma sangria; e outro: use algumas ventosas. Qual é a razão? Seria outra senão a de que ninguém consegue adaptar corretamente as preconcepções de saúde aos casos particulares?

A FAVOR DE (OU CONTRA) ALGUÉM QUE NÃO FOI VALORIZADO (ESTIMADO) POR ELE.

Alguém lhe disse (a Epiteto): frequentemente eu desejo ouvi-lo e vim até você, mas você nunca me deu nenhuma resposta, e agora, se for possível, imploro que diga algo para mim. Você acha, disse Epiteto, que, assim como existe uma arte em tudo, existe uma arte na fala, e que quem a possui falará com habilidade, e quem não a tem falará sem nenhuma habilidade? Eu imagino que sim. Aquele, então, que por falar bem é beneficiado e é capaz de beneficiar os outros, falará habilmente; mas aquele que é prejudicado em sua capacidade de falar e faz mal aos outros, será ele inábil nessa arte de falar? E você verá que alguns são prejudicados, enquanto outros se beneficiam com a fala. E todos os que ouvem são beneficiados pelo que ouvem? Ou você descobrirá que entre eles também alguns são beneficiados e alguns são prejudicados? Há os dois casos entre esses também, disse ele. Nesse caso, também aqueles que ouvem com habilidade são beneficiados, e aqueles que ouvem sem habilidade são prejudicados? Ele admitiu isso. Existe, então, uma habilidade para ouvir também, como há a habilidade de falar? Parece que sim. Se puder escolher, considere o assunto desse modo também. A prática da música, a quem pertence? Ao musicista. E a confecção adequada de uma estátua, a quem você acha que ela pertence? Ao estatuário. E olhar habilmente para uma estátua, isso não parece requerer a ajuda de alguma outra arte? Isso também requer o auxílio da arte. Então, se falar apropriadamente é tarefa de alguém hábil, você enxerga que ouvir também com algum proveito é tarefa do homem hábil? Agora, quanto a falar e ouvir perfeitamente, e de forma proveitosa, vamos por enquanto, se possível, não dizer mais nada, pois ambos estamos muito longe de qualquer coisa desse tipo. Mas acho que todos irão concordar com isso, que aquele que costuma ouvir os filósofos requer alguma prática em ouvir. Não é assim?

Por que, então, você não me diz nada? Só posso dizer isto a você: que aquele que não sabe quem é e para qual propósito existe, e o que é este mundo, e com quem ele se associa, e quais coisas são boas e quais são más, o que é belo ou o que é feio, e quem não entende o discurso nem a demonstração, nem o que é verdadeiro nem o que é falso, e que não é capaz de distingui-los, não desejará de acordo com a natureza nem se afastará dela, nem se moverá, nem pretender (agir), nem concordar, nem discordar, nem interromper seu julgamento, em resumo, ele andará mudo e cego, pensando que é alguém, mas não sendo ninguém. Mas isso é assim agora, pela primeira vez? Não é fato que, desde que a raça humana existe, todos os erros e infortúnios surgem dessa ignorância?

Isso é tudo o que tenho a dizer; e mesmo isso eu digo sem ânimo de dizer. Por quê? Porque você não me estimulou para isso. Pois o que devo procurar para ser estimulado, como os homens que são especialistas em equitação são estimulados por cavalos vistosos? Devo olhar para o seu corpo? Você o trata de forma vergonhosa. Para as suas roupas? Isso é luxúria. Para o seu comportamento, para a sua aparência? Isso é o mesmo que nada. Quando você for ouvir um filósofo, jamais diga a ele "Você não me disse nada", mas se mostre digno de ser ouvido ou apto para ouvir; e verá como irá comover a quem estiver discursando.

QUE A LÓGICA É NECESSÁRIA. Quando um dos que estavam presentes disse "Convença-me de que a lógica é necessária", ele respondeu "Quer que eu prove isso para você?" A resposta foi "sim". Então devo usar uma forma de discurso demonstrativa. E isso foi concedido. Como você saberá se o estou enganando com minha argumentação? O homem ficou em silêncio. Você vê, disse Epiteto, que você mesmo admite que a lógica é necessária, pois sem ela você não pode saber nem mesmo isso, se a lógica é necessária ou desnecessária?

DA ELEGÂNCIA EM VESTIR. Certo jovem, um retórico, veio para ver Epiteto com um penteado exagerado, mais cuidado do que o normal, e com um traje em estilo ornamental; ao que Epiteto disse: diga-me se você não acha que alguns cães são bonitos, assim como alguns cavalos, e se o mesmo não acontece com todos os outros animais. Acho que sim, respondeu o jovem. Não são alguns homens também bonitos e outros feios? Certamente. Por acaso chamamos por isso cada membro da mesma espécie de belo, ou cada um deles de belo por alguma característica peculiar? E você vai julgar este assunto assim. Uma vez que vemos um cachorro naturalmente criado para um propósito, um cavalo para outro, e outros animais para outros tantos, como, por exemplo, um rouxinol, podemos geralmente e não inapropriadamente dizer que cada um deles é bonito, quando forem excelentes de acordo com sua natureza; mas, como a natureza de cada um é diferente, cada um deles me parece belo de maneira distinta. Não é assim? Ele admitiu que sim. Aquilo, então, que torna um cachorro bonito pode tornar um cavalo feio; e o que torna belo o cavalo torna um cachorro feio, se for verdade que suas naturezas são distintas. Parece que é mesmo assim. Pois eu penso que o que torna um lutador de pancrácio bonito faz com que um lutador olímpico não seja bom e um corredor seja o mais ridículo de todos; e quem parece bonito no pentatlo é feio para a natureza da luta olímpica. É assim, disse ele. O que, então, torna um homem bonito? É isso que em cada espécie torna um cachorro e um cavalo bonitos? É sim, ele disse. O que, então, realmente torna um cachorro bonito? A presença da superioridade em um cão. E o que torna um cavalo bonito? A presença da superioridade de um cavalo. O que, então, torna um homem bonito? Não seria a presença da superioridade humana? E você, então, se quer ser considerado belo, meu jovem, esforce-se para isso, para adquirir a superioridade humana. Mas o que é isso? Observe a quem você mesmo elogia, quando elogia a muitos sem parcialidade: você elogia o justo ou o injusto? O justo. Você elogia os moderados ou os imoderados? Os moderados. E os equilibrados ou os desequilibrados? Os equilibrados. Se, então, você faz de si mesmo tal pessoa, saberá que fez de si mais belo; mas, enquanto você negligenciar tais coisas, deve ser considerado feio [do grego: *aischron*], mesmo que planeje tudo o que puder para parecer bonito.

NO QUE ALGUÉM DEVE SE EXERCITAR PARA CONSEGUIR A EXCELÊNCIA; E QUE NEGLIGENCIAMOS AS COISAS PRINCIPAIS.

Há três coisas (tópicos, [do grego: *topoi*]) em que alguém que deseja ser sábio e bom deve se exercitar. A primeira trata dos desejos e das aversões, para que um homem não deixe de obter o que deseja e para que não caia naquilo que não deseja. A segunda diz respeito aos movimentos em direção a um objeto e a partir de um objeto e, geralmente, em fazer o que um homem deve fazer, para que possa agir de acordo com a ordem, a razão, e não descuidadamente. A terceira coisa trata de como se libertar do engano e da imprudência no julgamento, e geralmente diz respeito aos consentimentos [do grego: *sugchatatheseis*]. Destes três tópicos, o principal e o mais urgente é o que trata dos afetos (perturbações [do grego: *ta pathae*]); pois um afeto não é produzido de outro modo senão por uma falha em obter o que alguém deseja ou pela queda naquilo que alguém deseja evitar. Isso é o que atrai perturbações, desordens, má sorte, infortúnios, tristezas, lamentações e inveja; o que torna os homens invejosos e ciumentos; e por isso não conseguimos nem mesmo ouvir os conselhos da razão. O segundo tópico diz respeito aos deveres de todos; pois não devo estar livre de afetos [do grego: *apathae*] como uma estátua, mas devo manter os relacionamentos [do grego: *scheseis*] naturais e adquiridos, como os de um piedoso, como um filho, como um pai ou como um cidadão.

O terceiro tópico é o que diz respeito diretamente a quem busca a excelência, à segurança dos outros dois, para que nem mesmo durante o sono qualquer aparência não avaliada possa nos surpreender, nem na embriaguez, nem na melancolia. Isso, podemos dizer, está além do nosso poder. Mas os filósofos atuais, negligenciando o primeiro item e o segundo (os afetos e os deveres), dedicam-se apenas ao terceiro, usando argumentos sofísticos [do grego: *metapiptontas*], chegando a conclusões a partir de perguntas, usando hipóteses, mentindo. Pois todos devem, diz-se, quando dedicados a esses assuntos, cuidar para não ser enganados. Quem deve? Todo homem bom e sábio. Isso então é tudo o que falta para você. Você trabalhou com sucesso em todo o resto? Você se libertou do engano em relação ao dinheiro? Se você vê uma garota bonita, você resiste às aparências? Se seu vizinho recebe uma propriedade por testamento, você não se irrita com isso? Agora não falta mais nada a você, exceto a firmeza imutável da mente [do grego: *ametaptosia*]? Desgraçado, você ouve essas mesmas coisas com o medo e a ansiedade de que alguém possa desprezá-lo, e com perguntas sobre o que os outros dizem a seu respeito. E, se alguém vier e lhe disser em certa conversa em que o assunto era "quem é o melhor filósofo", alguém que estava presente disse que certa pessoa era o filósofo mais importante, sua alma pequena, que tinha o tamanho de um polegar apenas, expande-se até atingir dois côvados de tamanho. Mas, se outro disser "Você está enganado, não vale a pena escutar determinada pessoa, pois o que ela realmente conhece? Ela sabe apenas os princípios básicos e nada mais?", então você fica confuso, empalidece, imediatamente grita "Eu lhe mostrarei quem eu sou, que eu sou um grande filósofo". É evidente por todas estas coisas: por que você quer mostrá-las pelos outros? Você não sabe que Diógenes apontou um dos sofistas desse modo, estendendo o seu dedo médio? E, então, quando o homem estava louco pela raiva, ele disse: essa é a tal pessoa, agora eu a mostrei para você. Pois ninguém deve ser apontado por um dedo, como uma pedra ou como um pedaço de madeira; mas, quando qualquer um exibe os princípios de outro, ele o expõe como um homem.

Vamos examinar seus princípios também. Pois não está claro se você não valoriza, em absoluto, a sua própria força de vontade [grego: *proairesis*], mas você olha apenas externamente para as coisas que não dependem da sua vontade? Por exemplo, o que diria certa pessoa? E o que as pessoas pensam sobre você? Você é reconhecido como alguém de aprendizagem; você leu Crísipo ou Antípatro? Pois, se leu Arquedamo também, você já tem tudo (que você pode desejar). Por que você ainda se preocupa com a possibilidade de não nos revelar quem você é? Você me permitiria dizer que tipo de homem você nos mostrou ser? Você se revelou para nós como um sujeito mesquinho, lamuriante, passional, covarde, criticando tudo ao redor, culpando a todos, nunca quieto, vaidoso: isso é o que você revelou para nós. Vá agora e leia Arquedamo; então, se algum rato pular e fizer qualquer barulho, você é um homem morto. Pois uma morte assim espera por você assim como... qual era o nome do homem? Crinis; e ele também estava orgulhoso, porque conseguia entender Arquedamo. Desgraçado, você não vai dispensar tais coisas que de modo algum lhe dizem respeito? Essas coisas são adequadas para os que são capazes de aprendê-las sem perturbação, para os que podem dizer: "Não estou sujeito à raiva, à dor, à inveja: não fui impedido nem fui reprimido. O que resta para mim? Tenho o meu lazer, estou tranquilo: vejamos como lidar com argumentos sofísticos; vejamos como, quando um homem aceita uma hipótese, não deve ser levado a nenhuma conclusão absurda". A eles pertencem tais coisas. Para os que estão felizes, convém acender uma fogueira, jantar; e, se quiserem, também cantar e dançar. Mas, quando o navio estiver afundando, você vem a mim e iça as velas.

QUAL É O ASSUNTO A QUE DEVE SE DEDICAR UM HOMEM BOM, E O QUE DEVEMOS PRATICAR NÓS MESMOS. A matéria para quem é sábio e bom é sua faculdade dominante: e o corpo é o material para o médico e os aliptas (aquele que oleia pessoas); a terra é a matéria para o lavrador. O negócio do sábio e bom é usar as aparências em conformidade com a natureza: e, como é a natureza de cada um concordar com a verdade, discordar da falsidade e permanecer em suspense quanto ao que é incerto; assim, é de sua natureza ser motivado para desejar o bem e para repudiar o mal; e com respeito ao que não é bom nem mau, sentir-se indiferente. Pois, como o cambista (banqueiro) não pode rejeitar as moedas de César, nem o vendedor de ervas, mas se mostrar a moeda, quer ele escolha ou não, deve entregar o que foi vendido em troca do seu valor; assim também é nos assuntos da alma. Quando o bem aparece, imediatamente atrai tudo para si; o mal, ao contrário, repele tudo de si. Mas a alma nunca rejeitará a aparência manifesta do bem, assim como as pessoas não rejeitarão a moeda de César. Deste princípio depende todo movimento, tanto do homem quanto de Deus.

Contra (ou com respeito a) esse tipo de coisa, principalmente, um homem deve se exercitar. Assim que você sair pela manhã, examine cada um que você encontrar e cada um que você ouvir; responda como a uma pergunta: O que você viu? Um belo homem ou uma bela mulher? Aplique a regra. Isso é independente da vontade ou dependente? Independente. Leve-a embora. O que você viu? Um homem lamentando a morte de uma criança. Aplique a regra. A morte é algo independente da vontade. Leve-a embora. O procônsul teve um encontro com você? Aplique a regra. Que tipo de coisa é a função de um procônsul? Independente da vontade ou dependente dela? Independente. Leve isso embora também; não resiste ao exame, jogue fora; não significa nada para você.

Se praticássemos e nos exercitássemos nisso diariamente, da manhã à noite, algo efetivamente seria conquistado. Mas agora somos apanhados meio adormecidos por cada aparência, e é apenas, se é que alguma vez, na escola que somos um pouco despertados por isso. Então, quando saímos, se virmos alguém lamentando, dizemos: ele está liquidado. Se virmos um cônsul, dizemos que ele está feliz. Se virmos um exilado, dizemos: ele deve estar infeliz. Se virmos um pobre, dizemos: ele é um miserável, não tem nada para comer.

Devemos, então, erradicar essa opiniões ruins e, para isso, devemos direcionar todos os nossos esforços. Pois o que são o choro e a lamentação? Uma opinião. O que é a má sorte? Uma opinião. O que é a sedição civil, o que é uma opinião dividida, o que é a culpa, o que é a acusação, o que é a impiedade, o que é insignificante? Todas essas coisas são opiniões, e nada mais, e opiniões sobre as coisas que independem da vontade, como se fossem boas ou más. Deixe alguém transferir essas opiniões para coisas que dependem de sua vontade, e eu garanto que ele será firme e constante, qualquer que seja o estado de coisas em volta dele. Tal como uma tigela de água, assim também é a alma. Assim como o raio de luz que incide sobre a água, tais são as aparências. Quando a água é movimentada, o raio também parece se mexer, mas na verdade não se move. E, quando alguém é dominado pela leviandade, não são as artes e as virtudes que são confundidas, mas o espírito (o poder nervoso) no qual estão impressas; mas, se o espírito for restaurado ao seu estado de estabilidade, as outras coisas também serão restauradas.

DIVERSOS. Quando alguém perguntou a ele como aconteceu, visto que a razão é mais cultivada pela geração atual, que o progresso obtido em tempos passados foi maior, ele respondeu: em que aspecto ela é mais cultivada agora, e em que aspecto o progresso foi maior anteriormente? Pois, naquilo em que agora é mais cultivada, nisso também o progresso pode agora ser encontrado. Atualmente, tem sido cultivada com o propósito de resolver silogismos, e o progresso é obtido. Mas, em épocas anteriores, foi cultivada com o propósito de manter a capacidade dominante em uma condição de conformidade com a natureza, e o progresso foi conquistado. Então, não misture as coisas que são diferentes, e não espere, quando estiver trabalhando em uma coisa, que possa fazer progresso em outra. Mas veja se alguém entre nós, quando decidido a isso, mantendo-se em um estado de conformidade com a natureza e vivendo sempre assim, não o faz atingir o progresso. Pois você não encontrará tal homem.

Não é fácil exortar jovens fracos; assim como também não é fácil segurar um queijo (macio) com um gancho. Mas aqueles que têm uma boa disposição natural, mesmo que você tente afastá-los, apegam-se ainda mais à razão.

AO ADMINISTRADOR DAS CIDADES LIVRES QUE ERA EPICURISTA.

Quando o administrador veio visitá-lo e era um epicurista, Epiteto disse: "É adequado para nós, que não somos filósofos, perguntar a vocês, que o são, como aqueles que vêm a uma cidade estranha e perguntam aos cidadãos locais, e àqueles que a conhecem, qual a melhor coisa do mundo, para que também nós, após essa investigação, possamos ir em busca daquilo que é melhor, e observarmos com atenção, como fazem os estrangeiros com as coisas de cada cidade. Para isso, há três coisas relativas ao homem: a alma, o corpo e as coisas externas, que dificilmente alguém negaria. Resta a vocês, filósofos, responder o que é o melhor. O que devemos dizer aos homens? A carne é o melhor? E foi por isso que Máximo navegou tão longe quanto Cassiopeia no inverno (ou com mau tempo) com seu filho, e o acompanhou para que ele pudesse ser gratificado na carne?" Então o homem respondeu que não, e acrescentou: "Isso estava longe dele". "Não é adequado, então", disse Epiteto, "estar ativamente empenhado em encontrar o que é o melhor?" "Certamente, de todas as coisas, é a mais adequada." "O que, então, possuímos que é melhor do que a carne?" "A alma", ele respondeu. "E as coisas boas das melhores, são elas melhores, ou as coisas boas dos piores?" "As coisas boas das melhores." "E as coisas boas das melhores estão ao alcance do poder da vontade ou não estão ao alcance desse poder?" "Elas estão ao alcance do poder da vontade." "Então, o prazer da alma é algo que está ao alcance do poder da vontade?" "Sim, está", respondeu ele. "E de que esse prazer depende? De si mesmo? Mas isso não pode ser concebido; pois deve antes existir certa substância ou natureza [do grego: *ousia*] do bem, por cuja obtenção teremos o prazer na alma." Ele concordou com isso também. De que, então, devemos depender para ter este prazer da alma? Pois, se ele depender das coisas da alma, a substância (natureza) do bem é descoberta; pois o bem não pode ser uma coisa, e aquilo em que nos deleitamos racionalmente, ser outra coisa; nem se aquilo que o precede não for bom, aquilo que o sucede poderá ser bom, pois, para que aquilo que sucedeu seja bom, aquilo que precede deve ser bom também. Mas você não diria isso, se estiver em seu juízo perfeito, pois então você diria o que é inconsistente tanto com Epicuro quanto com o resto de suas doutrinas. Resta, então, que o prazer da alma esteja no prazer das coisas do corpo; e novamente que essas coisas corporais devem ser as que precedem e a substância (natureza) do bem.

Busque as doutrinas que sejam consistentes com o que eu digo e, ao fazer delas seu guia, você se absterá com prazer das coisas que têm tal poder persuasivo para nos liderar e dominar. Mas, se para o poder persuasivo dessas coisas concebemos também tal filosofia, que nos empurra em sua direção e nos fortalece para esse fim, qual será a consequência? Numa peça de arte torêutica, qual a melhor parte? A prata ou a habilidade manual? A substância da mão é a carne; mas o trabalho dessa mão é a parte principal (aquela que precede e conduz o resto). Os deveres, então, também são três: os que são direcionados para a existência de algo; aqueles que são direcionados para sua própria existência de um tipo particular; e terceiro, as coisas principais por si mesmas. Assim também no homem não devemos valorizar o material, a pobre carne, mas o principal (as coisas principais [do grego: *ta proaegoumena*]). Quais são elas? Envolver-se em negócios públicos, casar-se, gerar filhos, venerar a Deus, cuidar dos pais e, geralmente, ter seus desejos, aversões [do grego: *echchlinein*], buscar coisas e evitá-las, do modo como devemos fazer essas coisas, e de acordo com a nossa natureza. E como somos constituídos pela natureza? Livres, nobres, modestos; pois que outro animal é capaz de corar? Que outro é capaz de receber a aparência (a impressão) da vergonha? E somos assim criados pela natureza, a ponto de sujeitar o prazer a essas coisas, como um ministro, um servo, a fim de que possa despertar nossa atividade, a fim de nos mantermos constantes nos atos que estão em conformidade com a natureza.

COMO DEVEMOS NOS EXERCITAR CONTRA AS APARÊNCIAS [do grego: *phantasias*].

Assim como nos exercitamos contra as questões sofísticas, também devemos nos exercitar diariamente contra as aparências; pois tais aparências também nos propõem questões. O filho de certa pessoa está morto. Resposta: isso não está ao alcance do poder da vontade, não é um mal. Um pai deserdou certo filho. O que você pensa disso? Isso é algo além do poder da vontade, não um mal. César condenou alguém. Isso é algo além do poder da vontade, não um mal. O homem está aflito com isso. A aflição é algo que depende da vontade: é em si um mal. Ele suportou a condenação bravamente. Isso é algo que está ao alcance da vontade: é um bem. Se nos treinarmos dessa maneira, faremos progresso; pois jamais concordaremos com algo que não tenha uma aparência capaz de ser compreendida. Seu filho está morto. O que aconteceu? Seu filho está morto. Nada além disso? Nada. Seu navio afundou. O que aconteceu? Seu navio afundou. Alguém foi levado para a prisão. O que aconteceu? Ele foi levado para a prisão. Mas que aqui ele se saiu mal, cada um acrescenta algo de sua própria opinião. Mas Zeus, você diz, não age direito nesses assuntos. Por quê? Por que ele o tornou capaz de resistência? Por que ele o tornou tão magnânimo? Por que ele tirou, daquilo que acontece sobre você, o poder de ser mal? Por que está sob seu poder ser feliz enquanto sofre o que sofre? Por que ele abriu a porta para você, quando as coisas não lhe agradam? Homem, saia e não reclame!

Ouça como os romanos pensam em relação aos filósofos, se quiser saber. Itálico, que era o mais conceituado dos filósofos, certa vez, quando eu estava presente, irritado com os próprios amigos e como se estivesse sofrendo com algo intolerável, disse: "Não aguento mais, você está me matando; você vai me fazer tal como aquele homem é", apontando para mim.

A CERTO RETÓRICO QUE SUBIA PARA ROMA VESTIDO DE TERNO.

Quando se aproximou dele alguém que estava subindo para Roma por causa de um processo que dizia respeito à sua posição, Epiteto perguntou o motivo de sua viagem, e então o homem perguntou o que ele achava do assunto. Epiteto respondeu: "Se você me perguntar o que fará em Roma, se terá sucesso ou não, não tenho nenhuma regra [do grego: *theoraema*] sobre isso. Mas, se você me perguntar como se sairá, posso responder: se tiver opiniões corretas [do grego: *dogmata*], você se sairá bem; se elas forem falsas, você se sairá mal. Pois, para cada um, a causa de sua ação é a opinião. Pois qual é o motivo por que desejou ser eleito governador dos cnossianos? Sua opinião. Qual é a razão de você ir agora para Roma? Sua opinião. E essa ida no inverno, com tantos perigos e alto custo? Eu tenho que ir. O que lhe diz isso? Sua opinião. Então, se as opiniões são as causas de todas as ações, e alguém cultiva opiniões ruins, assim como a causa pode ser, assim também será o efeito! Então temos todos opiniões firmes, tanto você quanto seu adversário? E como você se diferencia? Mas você tem opiniões mais sólidas do que as do seu adversário? Por quê? Você pensa que sim. E assim ele também pensa que as opiniões dele são as melhores; assim como os loucos pensam também. Este é um critério ruim. Mas me mostre que você investigou minimamente suas opiniões e se preocupou com elas. E como agora você está velejando até Roma para se tornar governador dos cnossianos, e você não está satisfeito em ficar em casa com as honras que já conquistou, mas deseja algo maior e com mais visibilidade, então, você alguma vez empreendeu uma viagem com o objetivo de examinar suas próprias opiniões e expulsá-las, se houver alguma que seja ruim? De quem você se aproximou com esse propósito? Quanto tempo definiu para isso? Em qual idade? Reveja os momentos da sua vida sozinho, se você sentir vergonha de mim (sabendo do fato) de quando era um menino, você examinou suas próprias opiniões? E então você não o fez, como faz todas as coisas agora, como você fez no passado? E, quando você era jovem e frequentava os retóricos e praticava a retórica, em que você se imaginava deficiente? E, quando você era jovem e envolvido em assuntos públicos, e defendia suas causas sozinho, e ganhava reputação, quem, então, parecia ser alguém igual a você? E quando você teria se submetido a qualquer um, examinando e mostrando que suas opiniões eram ruins? O que, então, você deseja que eu diga a você? Ajude-me neste assunto. Não tenho nenhum teorema (regra) para isso. Nem você as tem; se veio a mim com esse objetivo, não veio até mim como um filósofo, mas como um vendedor de legumes ou um sapateiro. Para que os filósofos precisam de teoremas? Para o seguinte, para que, aconteça o que acontecer, nossa faculdade de comando possa ser e continue a ser em conformidade com a natureza. Isso parece uma coisa pequena para você? Não; mas a maior de todas. O quê, então? Ela precisa de apenas um pouco de tempo? E é possível agarrá-la ao passar por ela? Se puder, agarre-a.

Então você dirá: encontrei-me com Epiteto como poderia ter encontrado com uma pedra ou uma estátua, pois você me viu, e nada mais do que isso. Mas ele se encontra com um homem como homem, que aprende suas opiniões e, por sua vez, mostra as suas próprias. Aprenda minhas opiniões: mostre-me as suas; e então diga que você me visitou. Vamos examinar um ao outro: se eu tiver alguma opinião ruim, tire-a de mim; se você tiver alguma, mostre-me. Este é o significado de um encontro com um filósofo. Talvez não (você diz): mas esta é apenas uma visita passageira, e, enquanto estivermos nessa embarcação alugada, podemos ver também Epiteto. Vamos ver o que ele diz. Então você vai embora e diz: Epiteto não era nada; ele usava solecismos e falava de maneira bárbara. Pois de que mais vocês vêm aqui como juízes? Bem, mas alguém pode me dizer, se eu cuidar de tais assuntos (como você faz), não terei nenhuma terra, como você não tem; não terei taças de prata, como você não tem, nem animais excelentes como você não os tem. Em resposta a isso, talvez seja suficiente dizer: não tenho necessidade de tais coisas; mas, se você possui muitas coisas, precisa de muitas outras: quer você escolha ou não, você é mais pobre do que eu. De que, então, eu preciso? Daquilo que você não tem? De firmeza, de uma mente em conformidade com a natureza, livre de perturbações.

DE QUE MANEIRA DEVEMOS RESISTIR À DOENÇA. Quando a necessidade de cada opinião vier, devemos tê-la de prontidão: logo no café da manhã, tais opiniões que se referem ao café da manhã; durante o banho, aquelas que dizem respeito ao banho; na cama, aquelas que dizem respeito à cama.

> *Não deixe o sono cair sobre seus olhos desfalecidos.*
> *Antes de cada ação diária, tu deves tê-la examinado;*
> *O que foi feito errado, o que foi feito certo, o que ficou por fazer;*
> *Da primeira à última, examine tudo, e então*
> *Culpe o que estiver errado; o que estiver certo, celebre.*

E devemos guardar esses versos de tal modo que possamos usá-los não para recitá-los em voz alta, como quando exclamamos "Paean Apollo". Novamente em febre, devemos ter prontas as opiniões que se referem à febre; e não devemos, assim que a febre começar, perder ou esquecer de tudo. Aquele que tem febre pode dizer: se eu filosofar um pouco mais, posso ser enforcado: aonde quer que eu vá, devo cuidar do pobre corpo, para que a febre não possa chegar. Mas o que é filosofar? Não é uma preparação contra os eventos que possam acontecer? Você não entende que está dizendo algo deste tipo: "Se eu ainda devo me preparar para aguentar com paciência o que vier a acontecer, que eu seja enforcado". Mas é como se alguém, depois de receber duros golpes, desistisse de praticar o pancrácio. No pancrácio está sob o nosso poder desistir e não receber mais golpes.

Mas no outro assunto, se abandonarmos a filosofia, o que ganharemos? O que, então um homem deve dizer quando ocorrer algo doloroso? Foi para isso que me exercitei, para isso me disciplinei. Deus lhe diz: dê-me uma prova de que você praticou atletismo dedicadamente, de que comeu o que deveria, de que se exercitou, de que obedeceu aos aliptas (o lubrificador e a borracha). Então você se apresenta fraco quando a hora da ação chega? Agora é a hora da febre. Que seja bem suportada. Agora é a hora da sede, suporte-a bem. Agora é a hora da fome, aguente-a bem, do mesmo modo. Não está sob o seu poder? Quem poderia impedir você? O médico o proibirá de beber; mas ele não pode impedir você de aguentar bem a sede; e ele irá proibir você de comer, mas não pode impedir você de suportar bem a fome.

Mas não posso comparecer aos meus estudos filosóficos. E para que você os segue, então? Escravo, não é para que possa estar feliz, para que possa ser constante, não é para que possa estar em um estado de conformidade com a natureza e viver assim? O que o impede, quando você tem febre, de ter sua faculdade dominante em conformidade com a natureza? Aqui está a prova, aqui está o teste do filósofo. Pois isso também faz parte da vida, como caminhar, velejar, cruzar a terra, assim também é a febre. Você lê enquanto está caminhando? Não. Nem quando você tem febre. Mas, se você consegue caminhar bem, tem tudo o que pertence a um homem que anda. Se você aguentar bem a febre, você tem tudo o que pertence a alguém febril. O que é suportar bem uma febre? Não culpar a Deus ou ao outro; não se afligir com o que vier a acontecer, esperar bem e com nobreza pela morte, fazer o que precisa ser feito: quando o médico entrar, não se assuste com o que ele diz; nem se ele disser que você está indo bem, deve ficar radiante. Pois que bem ele disse a você? E, quando você estava saudável, de que isso adiantou para você? E, mesmo que ele diga que você está mal, não desanime. Pois o que é estar doente? É estar perto da separação da alma e do corpo? Que mal há nisso? Se você não está perto agora, não estará em outro dia? O mundo vai virar de cabeça para baixo quando você morrer? Por que, então, você bajula o médico? Por que você diz "Por favor, mestre, eu ficarei bem?" Por que você dá a ele a oportunidade de erguer as sobrancelhas (ser orgulhoso; ou exibir a sua importância)? Você não valoriza o médico, como faz com o sapateiro quando está medindo seu pé, ou com o carpinteiro quando está construindo sua casa, e assim trata o médico em relação ao corpo que não é o seu, mas morto pela natureza? Aquele que tem febre tem a oportunidade de fazer isso: se fizer essas coisas, terá o que lhe pertence. Pois não é tarefa do filósofo cuidar dessas coisas externas, nem de seu vinho, nem de seu óleo, nem de seu pobre corpo, mas de seu próprio poder de comando. Mas, quanto às coisas externas, como ele deve agir? Tanto quanto não ser descuidado com elas. Onde, então, está o motivo para o medo? Onde, ainda, está a razão para a raiva e o medo em relação ao que pertence aos outros, das coisas que não têm valor? Pois devemos ter estes dois princípios em prontidão, que, com exceção da própria vontade, nada é bom nem mau; e que não devemos liderar os acontecimentos, mas segui-los. Meu irmão não deveria ter-se comportado assim comigo. Não, mas ele dará conta disso; e, seja qual for o seu comportamento, irei me comportar em relação a ele como eu deveria. Pois esse assunto é meu; o que pertence ao outro: ninguém pode prevenir isso, a outra coisa pode ser adiada.

SOBRE O EXERCÍCIO. Não devemos fazer nossos exercícios consistir em modos contrários à natureza e executados para causar admiração, pois, se o fizermos, nós, que nos tratamos por filósofos, não diferiremos em nada dos malabaristas. Pois é difícil até mesmo andar sobre uma corda; não apenas difícil, mas também perigoso. Devemos, por essa razão, praticar a caminhada sobre uma corda, escalar uma palmeira ou abraçar as estátuas? De jeito nenhum. Tudo o que é difícil e perigoso não é adequado à prática; mas é adequado o que conduz ao exercício daquilo que nos é proposto. E o que é que nos é proposto como algo a ser exercitado? Viver com o desejo e a aversão (evitar certas coisas) livre de restrições. E o que é isso? Nem se desapontar naquilo que você deseja, nem cair em qualquer coisa que você gostaria de evitar. Em direção a esse objetivo, então, o exercício (prática) deve tender. Pois, como não é possível impedir que seu desejo não seja desapontado e sua prevenção esteja livre de cair naquilo que você quer evitar, sem uma prática grandiosa e constante, você deve saber que, se permitir que o desejo e sua aversão administrem as coisas que não estão sob o poder de sua vontade, não será nem seu desejo capaz de conquistar o seu objeto, nem sua aversão será livre do poder de evitar aquilo que você deseja evitar. E, uma vez que o hábito firme lidera (prevalece), e estamos acostumados a usar o desejo e a aversão apenas para as coisas que não estão sob o poder da nossa força de vontade, devemos opor a este hábito outro contrário, e onde há grande chance de escorregarmos nas aparências, então devemos opor o hábito do exercício. Então, finalmente, se a ocasião se apresentar, com o propósito de testar sua vontade no momento apropriado, você descerá para a arena para saber se as aparências ainda o dominam como antes. Mas, a princípio, corra para longe daquilo que é mais forte do que você; a disputa é desigual entre uma jovem encantadora e um iniciante em filosofia. O jarro de barro, como diz o ditado, e a pedra não combinam.

O QUE É A SOLIDÃO, E QUE TIPO DE PESSOA É UM SOLITÁRIO. A solidão é uma certa condição de alguém desamparado. Pois, porque alguém está só, ele não é, por essa razão, também um solitário; assim como se alguém estiver entre vários outros, ele não estaria, necessariamente, não solitário. Quando perdemos um irmão, ou um filho, ou um amigo em quem estávamos acostumados a nos apoiar, dizemos que nos tornamos solitários, embora estejamos frequentemente em Roma, embora tal multidão nos encontre, embora tantos vivam no mesmo lugar, e às vezes ainda temos um grande número de escravos. Pois o homem que é solitário, como é concebido, é considerado uma pessoa indefesa e exposta àqueles que desejam fazer-lhe algum mal. Por isso, quando viajamos, dizemos que nos sentimos solitários quando caímos entre os ladrões, pois não é a visão de outro ser humano o que nos remove da solidão, mas a visão de alguém que é considerado fiel, modesto e prestativo por nós. Pois, se estar só fosse suficiente para caracterizar a solidão, você poderia afirmar que até mesmo Zeus seria solitário na conflagração, e poderia se lamentar, dizendo: infeliz que eu sou, que não tenho nem Hera, nem Atenas, nem Apolo, nem irmão, nem filho, nem descendente, nem parente. Isso é o que alguns dizem que ele faz quando está sozinho na conflagração. Pois eles não entendem como alguém pode viver a sua vida quando está só, porque partem de um certo princípio natural, do desejo de pertencer à comunidade e do amor mútuo e do prazer da conversa entre os homens. Mas, mesmo assim, um homem deve se preparar de algum modo também para isso (estar só), para ser capaz de ser suficiente para si mesmo e de ser sua própria companhia. Pois, assim como Zeus mora consigo mesmo, e está tranquilo consigo mesmo, e pensa em sua própria administração e em sua natureza, e está ocupado em pensamentos adequados a si mesmo; assim também deveríamos ser capazes de falar com nós mesmos, de não sentir a falta dos outros também, de não estarmos desprovidos dos meios de passar o nosso tempo; observar a administração divina e a nossa relação com todas as outras coisas; considerar como éramos anteriormente afetados por coisas que aconteceram e como nos afetamos por outras no presente; quais ainda são as coisas que nos causam dor; como elas também podem ser curadas e como podem ser eliminadas; se algumas coisas necessitam de melhorias, devemos aprimorá-las de acordo com a razão.

Bem, então, se alguém me atacasse quando estivesse sozinho e me matasse? Tolo, não matar você, mas seu pobre corpo.

Que tipo de solidão então permanece? Qual falta? Por que nos tornamos piores do que crianças; e o que as crianças fazem quando são deixadas sozinhas? Elas apanham conchas e cinzas e constroem algo, então o colocam abaixo e constroem outra coisa, e então nunca sentem falta de meios para passar o tempo. Devo, então, se você partir, sentar e chorar, porque fui deixado sozinho e solitário? Devo, então, ficar sem as conchas, sem as cinzas? Mas as crianças fazem o que fazem por falta do pensamento (ou deficiência de conhecimento), e nós, por meio do conhecimento, tornamo-nos infelizes.

Todo grande poder (faculdade) é perigoso para os iniciantes. Você deve, então, suportar essas coisas de acordo com sua capacidade, mas em concordância com a natureza: mas, não... Pratique às vezes um modo de vida como alguém que esteja doente, de modo que possa, em algum momento, viver como alguém gozando de plena saúde.

CERTOS ASSUNTOS DIVERSOS. Como maus atores trágicos não podem cantar sozinhos, mas somente na companhia de muitos, também alguns não conseguem andar sozinhos. Homem, se você é alguma coisa, ande sozinho e fale consigo mesmo, e não se esconda no meio do coral de vozes. Por fim, examine um pouco, olhe em volta, desperte-se, para que saiba quem você é.

Você deve extirpar dos homens essas duas coisas, a arrogância (orgulho) e a desconfiança. Arrogância, então, é a opinião de que você não sente a falta de nada (não é deficiente em nada); mas desconfiança é a opinião de que você não pode ser feliz, quando tantas circunstâncias o cercam. A arrogância é removida pela refutação, e Sócrates foi o primeiro a praticá-la. E (saber) que a coisa não é impossível, indague e busque. Esta busca não lhe fará mal; e de certo modo isso é filosofar, buscar como é possível empregar o desejo e a aversão [do grego: *echchlisis*] sem impedimentos.

Sou superior a você, pois meu pai é um homem de posição consular. Outro diz: eu fui um tribuno, mas você não foi. Se fôssemos cavalos, você diria também: meu pai era mais rápido? Tenho muita cevada e forragem, ou ornamentos elegantes para o pescoço. Se, então, você estivesse dizendo isso, eu diria: que assim seja, vamos todos correr então. Bem, não há nada equivalente no homem como correr para um cavalo, pelo que então será conhecido o que é superior e inferior? Não existem a modéstia [do grego: *aidos*], a fidelidade, a justiça? Mostre-se superior nelas, para que possa ser superior como homem. Se você me disser que consegue chutar violentamente, também direi que você se orgulha daquilo que é também a ação de um burro.

QUE DEVEMOS PROCEDER COM CIRCUNSPEÇÃO A TUDO. Em cada ação considere o que a precede e o que dela decorre, e então prossiga para a ação em si. Se você não refletir, começará primeiro com coragem, visto que não pensou em todas as coisas que vêm a seguir; mas depois, quando algumas consequências se manifestarem, você basicamente desistirá (daquilo que começou). Eu quero vencer nos jogos olímpicos. (E eu também, pelos deuses; pois é uma coisa boa.) Mas pense aqui o que o antecede e o que dele decorre; e então, se for para o seu bem, empreenda a coisa. Você deve agir de acordo com as regras, seguir uma dieta rígida, abster-se de comidas exóticas, exercitar-se compulsivamente em horários fixos, no calor, no frio; não beber água gelada, nem vinho, em qualquer oportunidade que houver para bebê-lo. Em resumo, você deve se entregar à vontade do treinador, como o faz a um médico. A seguir na disputa, você deverá estar coberto de areia, às vezes deslocará uma mão, torcerá um tornozelo, engolirá grande quantidade de pó, será castigado com o chicote; e, depois de passar por tudo isso, às vezes você ainda deverá ser derrotado. Depois de considerar todas essas coisas, se tiver a inclinação, siga para a prática do atletismo. Se você não as considerar, observe que seu comportamento será como o das crianças, que uma vez brincam como os lutadores, depois como gladiadores, às vezes tocam uma trombeta e então representam uma tragédia, quando já tiverem visto e admirado tais coisas. O mesmo acontece com você: você já foi um lutador (atleta), depois um gladiador, depois um filósofo, depois um retórico; mas com toda a sua alma você não é nada: como o macaco, você imita tudo o que vê; e sempre uma coisa após a outra o agrada, mas aquilo que se torna conhecido e familiar o desagrada. Pois você nunca empreendeu nada depois de alguma consideração, nem depois de ter explorado todo o assunto e o submetido a um exame rigoroso; mas você o empreendeu sob grande risco e com um desejo frio. Assim, algumas pessoas, tendo conhecido algum filósofo e ouvido alguém falar como Eufrates (e, ainda assim, quem consegue falar como ele?), desejam ser elas próprias filósofos.

Homem, considere primeiro qual é o problema (o que você se propõe a fazer), então sua própria natureza também, o que ela é capaz de aguentar. Se você é um lutador olímpico, examine seus ombros, suas coxas, suas lombares: porque homens diferentes são dotados naturalmente para coisas distintas. Você acha que, se fizer (o que você está fazendo diariamente), poderá ser um filósofo? Você acha que pode comer como agora, beber como agora e, da mesma forma, irritar-se e perder o bom humor? Você deve vigiar, trabalhar, conquistar certos desejos, deve se afastar de seus parentes, ser desprezado pelos escravos, ser ridicularizado por quem o encontrar, em tudo, você estará em uma condição inferior, como no ofício magisterial, nas honras, nos tribunais de justiça. Depois de ter pensado completamente em todas essas coisas, então, se ainda achar adequado, aproxime-se da filosofia, se você ganhar em troca dessas coisas a liberdade das perturbações, a independência, a tranquilidade. Se você não considerou todas essas coisas, não se aproxime da filosofia: não aja como criança, sendo ao mesmo tempo um filósofo, depois um cobrador de impostos, depois um retórico, e então um procurador (oficial) de César. Essas coisas não são consistentes. Você deve ser um homem bom ou mau; deve trabalhar em sua própria capacidade dominante ou em coisas externas; deve trabalhar ou nas coisas internas ou nas externas; isto é, você ou deve ocupar o lugar de um filósofo ou de algum cidadão vulgar.

Alguém disse a Rufus, quando Galba foi assassinado: "O mundo ainda é governado pela Providência?" Mas Rufus respondeu: "Por acaso alguma vez argumentei com Galba de que o mundo é governado pela Providência?"

QUE DEVEMOS COM CUIDADO TER UM RELACIONAMENTO FAMILIAR COM OS HOMENS. Se um homem tem um relacionamento frequente com outros, seja para conversar, seja para beber juntos, ou para fins sociais genéricos, deve-se assemelhar a eles ou moldá-los à sua maneira de agir. Pois, se alguém coloca um pedaço de carvão apagado ao lado de um que esteja queimando, ou o carvão apagado apagará o outro, ou o que está em brasa acenderá o que estava apagado. Visto que tal perigo é tão grande, devemos entrar com cuidado em tais intimidades com aqueles do tipo comum, e lembrar que é impossível que alguém possa fazer companhia a outro que esteja coberto de fuligem, sem ser ele mesmo contaminado pela fuligem. Pois o que você fará se alguém falar sobre gladiadores, cavalos, atletas ou, o que é ainda pior, sobre outros homens? Tal pessoa é má, essa outra pessoa é boa; tal coisa foi bem feita, a outra foi mal feita. Além disso, se ele zombar, ridicularizar ou mostrar constante mau humor? Será que algum de nós está preparado, como um tocador de alaúde quando pega seu instrumento, a ponto de, assim que tocar os acordes, descobrir quais cordas estão desafinadas e afinar o instrumento? Tal poder como tinha Sócrates, que em todas as suas relações sociais conseguia conduzir seus companheiros aos seus próprios objetivos? Como você poderia exercer esse poder? É uma consequência necessária que você seja envolvido pelo tipo comum de pessoas.

Por que, então, elas são mais poderosas do que você? Porque elas dizem essas palavras inúteis de suas opiniões reais; mas você pronuncia palavras elegantes apenas dos lábios para fora; por isso soam sem força e mortas, e é nauseante ouvir os seus discursos e a sua virtude infeliz, da qual se fala em todos os lugares (para cima e para baixo). Desse modo, o vulgar tem uma vantagem em relação a você; pois toda opinião [do grego: *dogma*] é forte e invencível. Até então os bons [do grego: *chompsai*] sentimentos [do grego: *hupolaepseis*] estão fixos em você, e você terá adquirido certo poder para sua segurança, eu o aconselho a ter cuidado em sua associação com as pessoas comuns; se não o fizer, todos os dias, como a cera exposta ao sol, derreterá tudo o que foi gravado em suas mentes na escola. Afastem-se, então, do sol enquanto tiverem esses sentimentos fracos como a cera. Por isso também os filósofos aconselham os homens a abandonar o seu país de origem, porque os hábitos antigos os distraem e não permitem que iniciem algum hábito novo; nem conseguimos suportar os que nos encontram e dizem: olhe, fulano é agora um filósofo, ele que já foi isso ou aquilo antes. Assim, também os médicos recomendam que aqueles que têm doenças crônicas sigam para um outro país, com ares diferentes, e eles assim agem corretamente. Vocês também introduzem outros hábitos aos que já adquiriram; fixem suas opiniões e se exercitem nelas. Mas você não faz isso; você vai a um espetáculo, a um *show* de gladiadores, a um local de exercícios [do grego: *chuston*], a um circo; então você volta para cá, e novamente daqui você volta para esses lugares, e ainda são as mesmas pessoas. E não existe um hábito agradável (bom), nem atenção, nem cuidado consigo mesmo nem uma observação desse tipo. Como devo usar as aparências apresentadas a mim? De acordo com a natureza ou ao contrário dela? Como faço para responder a elas? Como eu deveria ou como não deveria? Digo às coisas que são independentes da minha vontade, que elas não me dizem respeito? Pois, se você ainda não atingiu esse estado, fuja de seus hábitos anteriores, fuja do tipo comum, se você pretende começar a ser alguém algum dia.

SOBRE O CINISMO. Quando um de seus alunos, alguém que parecia inclinado ao cinismo, perguntou a Epiteto que tipo de pessoa um cínico deveria ser, e qual era a noção [do grego: *prolaepsis*] daquilo, perguntaremos, disse Epiteto, à vontade; mas tenho tanto a dizer a você, que aquele que, sem Deus, tenta atingir um assunto tão grandioso é odioso perante a Deus e não tem outro motivo senão agir sem decência diante do público.

Em primeiro lugar, nas coisas relacionadas a você, não deve ser em nenhum aspecto como o que você faz agora; você não deve culpar a Deus ou a qualquer outro; deve eliminar o desejo totalmente, deve transferir a prevenção [do grego: *echchlisis*] apenas para as coisas que estão sob o poder da sua vontade; não deve sentir raiva, ressentimento, inveja ou pena; as garotas não devem parecer bonitas para você, nem você deve amar somente um pouco de sua reputação, nem estar satisfeito com um garoto ou um pedaço de bolo. Pois deve saber que outros erguem muros ao redor de si, casas e lugares escuros quando fazem tais coisas, e buscam vários meios para se esconder. Alguém fecha a porta, colocando outro diante do aposento; se alguém se aproximar, diga que ele saiu, se ele não estiver à vontade. Mas o cínico, em vez de tudo isso, deve usar a modéstia como proteção; se não o fizer, será considerado indecente em sua nudez e sob o céu aberto. Essa é sua casa, sua porta; esse é o escravo diante de seu quarto de dormir; essa é sua escuridão. Pois ele não deve querer esconder nada do que faz; e, se o fizer, estará acabado, perdeu o caráter de um cínico, de alguém que vive sob o céu aberto, de um homem livre; ele agora teme alguma coisa externa, começa a ter necessidade de se esconder, e não consegue um esconderijo quando quiser encontrar um. Pois onde ele deve se esconder e como? E se, por acaso, esse instrutor público for identificado, esse pedagogo, que tipo de coisas ele será obrigado a sofrer? Quando, então, alguém teme essas coisas, é possível para ele continuar a agir com ousadia, com toda a sua alma, para supervisionar os outros? Não pode ser: é impossível.

Em primeiro lugar, você deve tornar a sua capacidade dominante pura, e também este modo de vida. Agora (você deveria dizer), para mim o assunto a ser trabalhado é o meu entendimento, como a madeira está para o carpinteiro, como o couro está para o sapateiro; e meu ofício é o uso correto das aparências. Mas o corpo não significa nada para mim: e as suas partes também não são nada para mim. A morte? Que venha quando quiser, seja a morte do todo ou de uma parte. Fuja, você diz. E para onde; alguém poderia me ejetar para fora desse mundo? Ninguém pode. Mas, aonde quer que eu vá, haverá o sol, a lua, as estrelas, os sonhos, os presságios e a conversa [do grego: *omilia*] com os deuses.

Então, se ele estiver assim preparado, o verdadeiro cínico não estará satisfeito com isso; mas ele deve saber que foi enviado como um mensageiro de Zeus aos homens sobre as coisas boas e más, para ensinar-lhes que eles vagaram e que buscam a substância do bem e do mal onde ela não está, mas, onde ela realmente está, eles nunca pensam em procurar; e que ele é um espião, assim como Diógenes foi levado perante Filipe depois da batalha de Queroneia como um espião. Pois, na verdade, um cínico é um espião das coisas boas e das que são más para os homens, e é sua obrigação examinar cuidadosamente e depois relatar a verdade, e não ser atingido pelo terror de modo a apontar como inimigos aqueles que não são inimigos, nem de qualquer forma se perturbar com as aparências nem se confundir por elas.

É seu dever poder, em voz alta, quando a ocasião surgir, aparecer no palco trágico e, como Sócrates, dizer: homens, para onde estão correndo, o que estão fazendo, desgraçados? Como cegos, vocês estão vagando para cima e para baixo; vocês estão seguindo pela estrada errada e deixaram a verdadeira; vocês buscam prosperidade e a felicidade onde elas não estão, e, se alguém lhes mostrar onde elas estão, não acreditam nele. Por que vocês as procuram fora de si mesmos? No corpo? Não estão lá. Se vocês duvidam, olhem para Myro, olhem para Ofélio. Nas posses? Não estão lá. Mas, se não acreditam em mim, olhem para Creso: olhem para aqueles que agora estão ricos, com que lamentações suas vidas estão repletas. No poder? Não estão lá. Se for assim, devem ser felizes todos aqueles que foram duas ou três vezes cônsules; mas eles não são. Em quem devemos acreditar nessas questões? Vocês que veem de fora seus negócios, ficam deslumbrados com as aparências, ou com os próprios homens? O que eles dizem? Ouça-os quando estão gemendo, quando se entristecem, quando, por causa desses próprios consulados e da glória e do esplendor, imaginam que sejam mais miseráveis e estejam em maior perigo. Está no poder real? Não está: se estivesse, Nero teria sido feliz, e Sardanápalo. Mas Agamenon também não estava feliz, embora fosse um homem melhor do que Sardanápalo e Nero; mas, enquanto outros estão roncando, o que ele está fazendo?

> *De sua própria cabeça, ele arrancou muitos de seus cabelos enraizados:*
>
> – Ilíada, X, 15.

e o que ele mesmo diz?

> *"Estou perplexo", diz ele, "e*
> *Estou perturbado e meu coração fora do meu peito*
> *Está saltando."*
>
> – Ilíada, X, 91.

Desgraçado, qual dentre os seus negócios vai mal? Suas posses? Não. Seu corpo? Não. Mas você é rico em ouro e cobre. Qual é, então, o seu problema? Aquela sua parte, seja qual for, foi negligenciada por você e está corrompida, a parte com a qual desejamos, com a qual evitamos, com a qual avançamos em direção das coisas ou delas nos afastamos. Quão negligenciada? Ele não conhece a natureza do bem, para a qual foi feito, e a natureza do mal; e o que é seu e o que pertence a outro; e, quando tudo que pertence aos outros dá errado, ele diz: ai de mim, pois os helenos estão em perigo. Desgraçada é sua capacidade dominante, e sozinha está negligenciada e descuidada. Os helenos vão morrer destruídos pelos troianos. E, se os troianos não os matarem, eles não morrerão de outro modo? Sim. Mas não todos ao mesmo tempo. Que diferença então isso faz? Pois, se a morte é um mal, quer os homens morram todos juntos, quer morram individualmente, será um mal, de qualquer maneira. Então, vai acontecer alguma coisa além da separação da alma e do corpo? Nada. E se os helenos perecerem, a porta se fechará e não estará mais em seu poder morrer? Sim, estará. Por que, então, você lamenta (e diz) "Oh, você é um rei e tem o cetro de Zeus?" Um rei infeliz não existe mais do que um deus infeliz. O que então é você? Na verdade, um pastor: pois chora como os pastores, quando um lobo rouba uma das suas ovelhas; e esses, que são governados por você, também são ovelhas. E por que você veio aqui? Seu desejo corria algum perigo? Foi a sua aversão [do grego: *echchlisis*]? Foi o seu movimento (perseguições)? Foi sua prevenção das coisas? Ele responde: Não. Mas a esposa de meu irmão foi raptada. Não foi, então, um grande ganho ser privado de uma esposa adúltera? Devemos ser humilhados, então, pelos troianos? Que tipo de pessoas são os troianos, sábios ou tolos? Se eles são sábios, por que você luta contra eles? Se eles são tolos, por que você se importa com eles?

Você possui um corpo livre ou está em condição servil? Nós não sabemos. Não sabe que é um escravo da febre, da gota, da oftalmia, da disenteria, de um tirano, do fogo, do ferro, e de tudo o que é mais forte? Sim, sou um escravo. Como, então, é possível que qualquer coisa que pertença ao corpo possa estar livre de obstáculos? E como pode algo ser grandioso ou valioso, esteja naturalmente morto, ou a terra, ou a lama? Pois bem, você não possui nada que esteja livre? Talvez nada. E quem é capaz de obrigá-lo a concordar com o que parece falso? Ninguém. E quem pode obrigá-lo a não concordar com o que parece verdadeiro? Ninguém. Com isso, então, você percebe que deve haver algo em você que seja naturalmente livre. Mas desejar ou ter aversão, ou mover-se em direção a um objeto ou mover-se para longe dele, ou se preparar, ou se propor a fazer qualquer coisa, quem de vocês consegue fazer isso, a menos que tenha recebido uma impressão da aparência daquilo que seja lucrativo ou um dever? Ninguém. Então, você tem também nessas coisas algo que não é impedido e é livre. Seus miseráveis, exercitem-se nisso, cuidem disso, busquem o bem aqui.

QUE NÃO DEVEMOS SER MOVIDOS POR UM DESEJO DAS COISAS QUE NÃO ESTÃO SOB O NOSSO PODER. Não deixe que aquilo que em alguém é contrário à natureza seja um mal para você; pois você não foi criado pela natureza para se deprimir por causa dos outros nem para ser infeliz, mas para ser feliz com eles. Se alguém está infeliz, lembre-se de que sua infelicidade é sua própria culpa; pois Deus fez a todos para serem felizes, livres de perturbações. Para isso ele lhes proveu os meios, algumas coisas para cada um como suas e outras coisas que não são as suas; algumas coisas sujeitas a obstáculos e à compulsão e à privação; e tais coisas não são as do próprio homem; mas as que não estão sujeitas aos obstáculos são suas; e a natureza do bem e do mal, como estava ajustado para ser feito, por aquele que cuida de nós e nos protege como um pai, ele a fez totalmente nossa. Mas você diz, eu me separei de certa pessoa, e ela está triste. Por que ele considerou como seu o que pertence a outro? Por que, quando ele olhou para você e se alegrou, não considerou também que você é mortal, que é natural para você se separar dele e partir para um país estrangeiro? Portanto, ele sofre as consequências de sua própria loucura. Mas por que ou com que propósito você se lamenta? Será que você também não pensou nessas coisas? Mas, como as pobres mulheres que não prestam para nada, você desfrutou de todas que lhe deram prazer, como se pudesse desfrutar delas para sempre, tanto os lugares como os homens e as conversas; e agora você senta e chora porque não vê as mesmas pessoas e não mora nos mesmos lugares. Na verdade, você merece isso, ser mais miserável do que os corvos e as gralhas, que têm o poder de voar para onde quiserem e trocar seus ninhos com os de outras aves, e cruzar os mares sem lamentar ou se arrepender de sua condição anterior. Sim, mas isso acontece com eles porque são criaturas irracionais. A razão foi, então, dada a nós pelos deuses com o propósito da infelicidade e da miséria, para que possamos passar nossas vidas em angústia e lamentação? Todas as pessoas devem ser imortais, e nenhum de nós deve partir para o exterior, e nós mesmos não devemos ir para o exterior, mas permanecer enraizados como plantas; e, se algum de nossos amigos ou familiares for para o exterior, devemos sentar e chorar; e, ao contrário, quando eles voltarem, devemos dançar e bater palmas como crianças?

Mas minha mãe lamenta quando não pode me ver. Por que ela não aprendeu esses princípios? E não digo isto, que não devemos cuidar para que ela não se lamente, mas digo que não devemos desejar em todos os sentidos o que não é nosso. E a tristeza do outro é a tristeza do outro; mas a minha tristeza, essa é só minha. Eu então pararei minha própria tristeza por todos os meios, pois está em meu poder; e a tristeza do outro tentarei parar o máximo que puder; mas não tentarei fazê-lo por todos os meios; pois, se o fizer, estarei lutando contra Deus, estarei me opondo a Zeus e me colocando contra ele na administração do universo; e a recompensa (a punição) desta luta contra Deus e desta desobediência, não só os filhos dos meus filhos pagarão, mas eu também deverei pagar, dia e noite assombrado por sonhos, perturbado, tremendo a cada notícia, e ter minha tranquilidade dependente das cartas dos outros. Alguém chegou de Roma. Só espero que não tenha acontecido nenhum problema. Mas que mal pode acontecer a você, onde você não está? De Hellas (Grécia) alguém chegou; espero que não tenha havido nenhum dano. Desse modo, qualquer lugar pode ser causa de infortúnio para você. Não é suficiente para você ser infeliz onde você está, e você deve ser também infeliz além dos oceanos, somente pelo relato contido nas cartas? É assim que os seus negócios estão em estado de segurança? Bem, então suponha que meus amigos morreram em lugares distantes de mim. O que mais eles sofreram além do que é parte da condição natural dos seres mortais? Ou como você deseja ao mesmo tempo viver até a velhice e não testemunhar a morte de qualquer um a quem ama? Você não sabe que, no decorrer de vários anos, muitos e vários tipos de coisas devem acontecer; que uma febre abaterá um, um ladrão atingirá outro e um terceiro será abatido por um tirano? Tal é a condição das coisas em volta de nós, tais são aqueles que vivem conosco no mundo; frio e calor e modos de vida inadequados e viagens por terra e viagens por mar e ventos e várias circunstâncias que nos cercam, destroem um homem e banem outro, e indicam um para assumir uma embaixada e outro para o alistamento em um exército. Sente-se, então, em agitação por todas essas coisas, lamentando, infeliz, desafortunado, dependente dos outros e dependente não de um ou dois, mas de dez mil sobre dez mil.

Você ouviu isso quando estava com os filósofos? Você aprendeu isso? Você não sabe que a vida humana é uma guerra? Que alguém deve vigiar, outro deve agir como espião, e um terceiro deve lutar? E não é possível que todos estejam em um mesmo lugar, nem é melhor que assim seja. Mas você, negligenciando a execução dos comandos do general, reclama quando algo mais duro do que o normal lhe é imposto, e não nota, no que você faz, o exército se transformar naquilo que estiver em seu poder; que, se todos o imitarem, ninguém irá cavar as trincheiras, nem erguerá uma muralha ao redor, nem vigiará, nem se exporá ao perigo, mas parecerá inútil para os propósitos de um exército. Novamente, em uma embarcação, se você for um marinheiro, assuma uma posição e mantenha-se nela. E, se você receber ordens para subir no mastro, recuse; se for para correr até a proa do navio, recuse; que capitão de embarcação vai aguentar você? E ele não o lançará ao mar como algo inútil, um impedimento e um mau exemplo para os outros marinheiros? E assim é também aqui: a vida de cada um é uma espécie de guerra, longa e diversificada. Você deve cuidar dos deveres de um soldado e fazer tudo sob o comando do general; se for possível, adivinhando quais são os seus desejos; pois não há semelhança entre um general e outro, nem em força nem em superioridade de caráter. Você não sabe que um homem bom não faz nada baseado apenas nas aparências, mas pelo bem de fazer o que é certo? Qual é a vantagem, então, para ele de ter agido corretamente? E que vantagem tem para alguém que escreve o nome de Dion, escrevê-lo como deveria? A vantagem é tê-lo escrito. Não há recompensa, então? Você busca uma recompensa para um homem bom, maior do que ter feito o que é bom e justo? Em Olímpia você não deseja mais nada, mas lhe parece suficiente ser coroado nos jogos. Parece a você algo tão pequeno e sem valor ser bom e feliz? Pois esses propósitos, quando introduzidos pelos deuses nesta cidade (o mundo), e sendo agora sua obrigação assumir as tarefas de um homem, você ainda precisa de suas babás e de sua mamãe, e as mulheres fúteis, com sua choradeira, comovem você e o tornam afeminado? Você nunca deixará de ser uma criança tola? Você não sabe que aquele que age como uma criança, quanto mais velho, mais ridículo se torna?

Portanto, ainda neste assunto: se você beija seu próprio filho, ou seu irmão ou amigo, nunca dê uma licença total às aparências [do grego: *phantasian*], e não permita que seu prazer vá tão longe quanto ele quiser; mas o controle e o contenha como aqueles que apoiam os homens em seus triunfos e os lembram de que são mortais. Você também deve se lembrar, da mesma maneira, de que aquele a quem você ama é mortal, e que o que você ama não é seu; foi-lhe dado por agora, não para que não possa ser tirado de você, nem foi concedido para sempre, mas como um figo ou um cacho de uvas que lhe é dado na estação definida do ano. Mas, se você deseja essas coisas em pleno inverno, você é um tolo. Portanto, se você deseja ter seu filho ou amigo quando não lhe for permitido, deve saber que age como se desejasse um figo no inverno. Pois assim como o inverno está para o figo, também todo evento que acontece no universo para as coisas que lhe são tiradas, de acordo com sua natureza. Além disso, quando você estiver se deliciando com alguma coisa, coloque diante de si as aparências contrárias. Que mal há, enquanto você beija seu filho, dizer em um sussurro: "Amanhã você vai morrer"; e também um amigo: "Amanhã você irá partir ou eu irei, e nunca mais nos veremos"? Mas essas são palavras de mau agouro, e alguns encantamentos também são de mau agouro; mas, porque elas são úteis, eu não me importo com isso; apenas as deixe ser úteis. Mas você chama as coisas de mau agouro, exceto as que significam algum mal? Covardia é uma palavra de mau agouro, mesquinhez de espírito, a tristeza e o pesar e a falta de vergonha. Essas palavras são de mau agouro; e ainda não devemos hesitar em pronunciá-las a fim de nos proteger contra as coisas. Você me diz que um nome que significa qualquer coisa da natureza é de mau agouro? Dizem que até mesmo as espigas de milho que devem ser colhidas são de mau agouro, pois significam a destruição das espigas, mas não do mundo. Diga que a queda das folhas também é de mau agouro, e para que o figo seco substitua o figo verde e que as passas sejam feitas das uvas. Pois todas essas coisas são mudanças de um estado anterior para outros estados; não a destruição, mas certa economia fixa e administração das coisas. Assim é sair de casa e uma pequena mudança: tal é a morte, uma mudança maior, não do estado de ser para o de não ser, mas para o que não é agora. Devo, então, deixar de existir? Você não existirá, mas será outra coisa, da qual o mundo agora precisa; pois você também passou a existir não quando escolheu, mas quando o mundo precisou de você.

Que esses pensamentos estejam disponíveis dia e noite; esses você deve escrever, deve ler; sobre eles você deve falar consigo mesmo e com os outros. Pergunte a alguém: "Você pode me ajudar de alguma maneira com esse objetivo?" E do mesmo modo pergunte para outro e para mais outro. Então, se qualquer coisa que for dita for contrária ao seu desejo, essa reflexão o aliviará imediatamente, o que não é de todo inesperado. Pois é em todos os casos uma coisa extraordinária dizer: "Eu sabia que gerei um filho que é mortal". Pois assim também você dirá: "Eu sabia que sou mortal, sabia que poderia deixar minha casa, sabia que poderia ser expulso dela, sabia que poderia ser conduzido à prisão. Então, se você se virar e olhar para si mesmo, e buscar o lugar de onde se origina o que aconteceu, você se lembrará imediatamente que vem de onde as coisas que estão fora do poder da vontade, e das coisas que não pertencem a mim. O que isso significa para mim? Então, você irá perguntar, e isto é o mais importante: E quem é que o enviou? O líder, ou o general, o Estado, as leis do Estado. Dê-me, então, pois devo sempre obedecer às leis para tudo. Então, quando a aparência (das coisas) causar alguma dor, pois não está em seu poder se prevenir disso, lute contra ela com a ajuda da razão, conquiste-a: não permita que ganhe força nem o leve às últimas consequências exibindo tais imagens como e quando lhe agradam. Se você estiver em Gyara, não imagine o modo de vida de Roma e quantos prazeres haveria para quem morasse lá e quantos ainda haveria para aquele que retornasse a Roma; mas fixe sua mente nessa questão, como alguém que vive em Gyara deve viver em Gyara, como um homem corajoso. E, se você estiver em Roma, não imagine como é a vida em Atenas, mas pense apenas na vida em Roma.

Então, no lugar de todas as outras delícias, substitua esta, a de estar consciente de obedecer a Deus, que não em palavras, mas em atos, você está realizando as ações de um homem bom e sábio. Pois que coisa é para um homem ser capaz de dizer a si mesmo: "Agora, o que quer que os outros digam solenemente nas escolas e que possa ser julgado por dizer de maneira contrária à opinião comum (ou de uma forma estranha), isso eu estou fazendo; e eles se reúnem e estão discorrendo sobre as minhas virtudes e perguntando sobre mim e me elogiando; e, sobre isso, Zeus desejou que eu recebesse de mim mesmo uma prova e saberei se ele tem um soldado como deveria ter, um cidadão tal como deveria ter, e se ele escolheu me destacar do resto da humanidade como uma testemunha das coisas que são independentes da vontade". Perceba que você teme sem razão, que você deseja tolamente o que você deseja; não busque o bem nas coisas externas; busque-o em você mesmo: se não o fizer, não o encontrará. Com esse propósito, ele me conduziu uma vez até aqui, em outra me envia para além, exibe-me aos homens como um pobre, sem autoridade e doente; manda-me para Gyara, leva-me para a prisão, não porque ele me odeie, longe dele ser esse o significado, pois quem poderia odiar o melhor dos seus serviçais? Nem, ainda, porque não se importe comigo, pois ele não abandona ninguém, nem mesmo as coisas menores; mas ele faz isso com o propósito de me exercitar e fazer uso de mim como uma testemunha para os demais. Uma vez nomeado para tal serviço, ainda me preocupo com o lugar em que estou, ou com quem eu estou, ou com o que os outros dizem sobre mim? E não dirijo inteiramente meus pensamentos a Deus e às suas instruções e mandamentos?

Tendo essas coisas (ou pensamentos) sempre em mãos, e as praticando por si mesmo, e as mantendo em estado de prontidão, você jamais sentirá a falta de alguém para confortá-lo ou fortalecê-lo. Pois não é vergonhoso ficar sem ter o que comer, mas não ter razão suficiente para manter o medo e a tristeza afastados. Mas, se você algum dia ganhar a liberdade em relação à tristeza e o medo, ainda haveria algum tirano para você, ou um guarda desse tirano, ou auxiliares de César? Ou haveria qualquer nomeação para cargos na corte que lhe causasse dor, ou será que aqueles que se sacrificam no Capitólio quando nomeados para certas funções, causariam dor a você, que recebeu tão grande autoridade de Zeus? Apenas não promova a exibição orgulhosa nem se vanglorie disso; mas a demonstre por seus atos; e, se ninguém perceber, esteja satisfeito por você estar em um bom estado de saúde e feliz.

ÀQUELES QUE CAEM (DESISTEM) DE SEU PROPÓSITO. Considere como as coisas que você propôs a si mesmo inicialmente, as que você assegurou e as que não; e como você fica satisfeito ao se recordar das primeiras, e se penaliza em relação às outras; e, se possível, recupere na memória as coisas em que você falhou. Pois não devemos nos encolher quando estamos engajados nos grandes combates, mas devemos até mesmo aceitar receber alguns golpes. Pois o combate diante de nós não é na luta livre ou no pancrácio, nos quais tanto o bem-sucedido quanto o malsucedido recebem o maior mérito, ou recebem pouco, e na verdade podem ser muito afortunados ou muito infelizes; mas a luta é pela própria boa fortuna e pela felicidade. Pois bem, mesmo que tenhamos renunciado à disputa nesse assunto (pela boa sorte e a felicidade), ninguém nos impede de retomar o combate adiante, e não somos obrigados a esperar por mais quatro anos até que os jogos em Olímpia voltem a acontecer; mas, assim que você se recuperou e se fortaleceu, e empregou o mesmo cuidado, poderá voltar de novo ao combate; e, se você renunciar a ele novamente, poderá retomá-lo; e se algum dia conquistar a vitória, será como aquele que nunca renunciou ao combate. Só não tome por hábito fazer sempre a mesma coisa (renunciar ao combate), comece a fazê-lo com prazer, e então, como um mau atleta, saia, depois de ser vencido em todo o circuito dos jogos, como codornizes que conseguiram fugir.

PARA AQUELES QUE TEMEM A PRIVAÇÃO. Você não tem vergonha de ser mais covarde e mesquinho do que os escravos fugitivos? Como eles, quando fogem, conseguem deixar seus mestres? De quais propriedades eles dependem e de quais domicílios eles dependem? Não é verdade que, depois de roubar um pouco, que seja suficiente para os primeiros dias, não se movimentam por terra ou por mar, inventando um método após o outro para salvar suas vidas? E que escravo fugitivo alguma vez morreu de fome? Mas você teme que as coisas necessárias faltem para você, e perde o sono à noite. Desgraçado, você está tão cego e não vê o caminho para o qual a falta de coisas necessárias o conduz? Bem, para onde ele me conduz? Para o mesmo lugar que uma febre, ou que uma pedra que cai sobre você, leva-o, para a morte. Você mesmo não costuma dizer isso aos seus companheiros? Você não leu muito sobre esse assunto ou escreveu sobre ele? E quantas vezes você já se gabou de que estava tranquilo diante da morte?

Aprenda, então, primeiro quais são as coisas vergonhosas, e depois nos diga que você é um filósofo; mas, por enquanto, não o permita, mesmo que alguém o chame assim.

Isso é vergonhoso para você que não seja por sua própria ação, aquela da qual você não é a causa, aquilo que veio a você por acidente, como uma dor de cabeça, como uma febre? Se seus pais eram pobres e deixaram suas propriedades para outros, e se enquanto eles viveram, não o ajudaram em nada, isso seria vergonhoso para você? Foi isso o que aprendeu com os filósofos? Você nunca ouviu que o que é vergonhoso deve ser culpável, e o que é culpável deve ser digno de vergonha? A quem você culpa por um ato que não é seu, que ele não fez por si mesmo? Você então tornou seu pai tal como ele é, ou está sob o seu poder melhorá-lo? Este poder foi dado a você? Pois bem, você deve desejar as coisas que não foram dadas a você, ou se envergonhar se não as conseguir? E você também se acostumou, enquanto estudava filosofia, a olhar para os outros e não esperar nada de si mesmo? Lamente, então, gema e coma com medo de não ter comida para o dia seguinte. Trema sobre seus pobres escravos para que não roubem, para que não fujam, para que não morram. Portanto, viva, e continue a viver, você que só no nome se aproximou da filosofia e desgraçou seus teoremas tanto quanto pôde, ao mostrar que são inúteis e pouco lucrativos para aqueles que os adotam; você, que nunca buscou a constância, a liberdade de perturbações e das paixões; você, que jamais procurou alguém por causa desse objetivo, mas muitos por causa dos silogismos; você, que nunca examinou completamente nenhuma das aparências por si mesmo, serei eu capaz ou não de suportar? O que me resta fazer? Mas, como se todos os seus negócios estivessem bem e seguros, você tem se apoiado no terceiro tópico, o de as coisas permanecerem inalteradas, a fim de que você possa ter o que não mudou; o quê? Covardia, espírito mesquinho, admiração dos ricos, desejo sem nenhum objetivo final e a prevenção [do grego: *echchlisin*] que falha na tentativa? Sobre segurança nessas coisas você tem estado ansioso.

Você não deveria ter ganhado algo além da razão, e então protegê-lo com segurança? E quem você já viu construir uma ameia em volta e cercando-a com uma parede? E que porteiro é contratado sem que haja uma porta para vigiar? Mas você pratica para poder provar... o quê? Você pratica para que não seja jogado no mar por meio de sofismas e jogado de um lado para outro, por quê? Mostre-me primeiro o que você segura, o que mede ou quanto pesa; e me mostre as balanças ou o *medimnus* (a medida); ou por quanto tempo você vai continuar medindo a poeira? Você não deveria demonstrar aquilo que torna os homens felizes, que faz as coisas acontecer para eles do modo como desejam, e por que não devemos culpar ninguém, acusar ninguém e concordar com a administração do universo?

SOBRE A INTIMIDADE FAMILIAR. Em relação a esse assunto, antes de tudo, você deve atentar para que nunca esteja tão intimamente ligado a qualquer um de seus antigos íntimos ou amigos a ponto de se comprometer com os mesmos atos que ele. Se você não observar esta regra, você se arruinará. Mas se o pensamento vier para a sua mente "Eu devo parecer desagradável para ele e ele não terá o mesmo sentimento em relação a mim", lembre-se de que nada é feito sem algum custo, nem é possível para alguém, se não fizer as mesmas coisas para ser o mesmo que ele foi um dia. Escolha, então, qual dos dois você terá, ser igualmente amado pelos que você foi amado anteriormente, permanecendo sempre o mesmo, com o seu antigo eu; ou, sendo superior, mesmo não obtendo de seus amigos o que você recebia antes.

ÀQUELES QUE DESEJAM PASSAR A VIDA NA TRANQUILIDADE. Lembre-se de que não só o desejo do poder e das riquezas nos torna mesquinhos e submetidos aos outros, mas também o desejo de tranquilidade, do ócio, de viajar para o exterior e de aprender. Pois, para falar diretamente, qualquer que seja a coisa externa, o valor que atribuímos a ela nos coloca subordinados aos outros. Qual é, então, a diferença entre desejar ou não ser um senador; qual é a diferença entre desejar o poder ou se contentar com uma ocupação privada; qual é a diferença entre dizer eu sou infeliz, não tenho nada para fazer, mas estou preso aos meus livros como um cadáver; ou dizer, estou infeliz, não tenho nenhum tempo para ler? Pois, assim como saudações e poder são coisas externas e independentes da vontade, assim também é um livro. Pois com que propósito você escolhe ler? Diga-me. Pois, se você apenas direciona seu objetivo para a diversão ou para aprender alguma coisa, você será um sujeito tolo e incapaz de aguentar o trabalho. Mas, se você se refere à leitura para o fim adequado, o que mais seria senão uma vida tranquila e feliz [do grego: *eusoia*]? Mas, se a leitura não lhe garante uma vida feliz e tranquila, de que ela serve, então? Mas ela garante isso, responde o homem, e por isso estou aborrecido por estar privado dela. E o que é essa vida tranquila e feliz, que qualquer um pode impedir, não digo César ou um amigo de César, mas um corvo, um flautista, uma febre e trinta mil outras coisas? Mas uma vida tranquila e feliz não contém nada mais garantido do que sua continuidade e a liberdade de obstáculos. Agora sou chamado a fazer algo: irei, então, com o propósito de observar as medidas (regras) que devo manter, de agir com modéstia, firmeza, sem desejo ou aversão às coisas externas; e então para que eu possa dar atenção aos outros, o que eles dizem, o que os toca; e isso não com qualquer indisposição, ou que eu possa ter algo a culpar ou ridicularizar; mas que eu me volte para mim mesmo e me pergunte se também cometo as mesmas faltas. Como então deixarei de cometê-las? Antes eu também agia errado, mas agora não: graças a Deus.

Qual é, então, a razão disso? A razão é que nunca lemos para esse fim nem escrevemos para ele, para que possamos em nossas ações usar em conformidade com a natureza as aparências que recebemos; mas terminamos nisso, em aprender o que é dito e em sermos capazes de explicá-lo aos outros, em resolver um silogismo e em lidar com o silogismo hipotético. Por isso, onde está nosso estudo (propósito), ali também está o impedimento. Você teria a qualquer preço as coisas que não estão em seu poder? Seja impedido então, seja obstruído, falhe em seu propósito. Mas, se lermos o que foi escrito sobre a ação (esforços, [do grego: *hormae*]), não para vermos o que foi dito sobre a ação, mas para agirmos bem; se lermos o que foi dito sobre o desejo e a aversão (evitar as coisas), para que não possamos nem falhar em nossos desejos, nem cair naquilo que tentamos evitar; se lemos o que foi dito sobre o dever (*officium*) para que, lembrando das relações (das coisas umas com as outras), não façamos nada irracionalmente ou contrário a elas; não devemos nos aborrecer em sermos impedidos de ler, mas devemos nos contentar em realizar as ações que são conformes (às relações), e não considerar o que até agora nos acostumados a considerar: até hoje eu li tantos versos, escrevi tantos outros; mas (deveríamos dizer), até hoje eu realizei minhas ações como foi ensinado pelos filósofos; não usei meu desejo; usei a prevenção [do grego: *echchlisei*] apenas contra as coisas que estão sob o poder da minha vontade; não tive medo de tal pessoa, não fui convencido pelas súplicas de outra; tenho exercitado minha paciência, minha abstinência, minha cooperação com os outros; e assim devemos agradecer a Deus pelo que devemos ser gratos.

Só existe um caminho para a felicidade, e que esta regra esteja disponível dia e noite: a regra é não se concentrar nas coisas que estão fora do poder de nossa vontade, pensar que nada é verdadeiramente nosso, abrir mão de tudo em nome da Divindade, para o destino; para torná-los os superintendentes dessas coisas, a quem Zeus também fez assim; pois um homem observa apenas aquilo que é seu, aquilo que não pode ser impedido; e, quando lemos, devemos referir nossa leitura apenas a isso, assim como a nossa escrita e nossa escuta. Por isso não posso chamar alguém de diligente, se ouço apenas que ele lê e escreve; e, mesmo se alguém acrescenta que lê a noite toda, não posso afirmar isso, se ele não sabe a que deve referir essa leitura. Pois nem você diria que alguém é trabalhador, se ele passa a noite acordado por causa de uma garota, nem eu. Mas, se ele o fez (lê e escreve) por sua reputação, digo que ele é um amante da reputação. E, se o faz por dinheiro, digo que ele ama o dinheiro, e não o trabalho; e, se o faz por amor ao aprendizado, digo que ele é um amante do aprendizado. Mas, se ele refere seu trabalho ao seu próprio poder dominante, para que possa mantê-lo em conformidade com a natureza, e passa sua vida nesse estado, então digo que ele é um trabalhador. Pois jamais elogie um homem por causa dessas coisas, que são comuns a todos, mas por causa de suas opiniões (princípios); pois essas são as coisas que pertencem a cada um de nós, que tornam suas ações boas ou más. Lembrando-se dessas regras, celebre com o que está presente e fique contente com as coisas que vêm no seu tempo. Se você vir qualquer coisa que aprendeu e sobre a qual indagou acontecer a você no curso de sua vida (ou aplicada oportunamente por você aos atos da vida), delicie-se com isso. Se você deixou de lado ou diminuiu a sua indisposição e o hábito de injuriar; se você venceu um temperamento impetuoso, palavras obscenas, pressa, lentidão; se você não se comove com o que foi antes, e não da mesma maneira que foi um dia, você pode fazer uma festa diariamente, hoje porque se comportou bem em um aspecto, amanhã porque se comportou bem em um outro. Quão maior é essa razão para fazer sacrifícios do que um consulado ou governo de uma província? Essas coisas vêm para você de si mesmo e dos deuses. Lembre-se disso, quem dá essas coisas, para quem e com que propósito. Se você se acalenta nesses pensamentos, ainda acha que faz alguma diferença onde você será feliz, onde agradará a Deus? Os deuses não estão igualmente distantes de todos os lugares? Eles não veem de todos os lugares o que está acontecendo?

CONTRA O BRIGUENTO E FEROZ. O homem sábio e bom não luta com ninguém, nem permite que outro o faça, desde que possa impedi-lo. E um exemplo disso, bem como de várias outras coisas, nos é apresentado pela vida de Sócrates, que não só evitou para si mesmo conflitos (brigas), mas também não permitiu que outros brigassem. Veja no Simpósio de Xenofonte quantas disputas ele resolveu, até onde ele suportou Trasímaco, Polo e Cálicles; como ele tolerou sua esposa e seu filho, que tentou refutá-lo e protestar contra ele. Pois ele se lembrava bem de que ninguém tem sob o seu poder o princípio dominante de outro homem. Ele desejou, portanto, nada mais do que aquilo que era seu. E o que é isso? Não que este ou aquele homem possa agir de acordo com a natureza, pois isso é uma coisa que pertence a outro; mas que, enquanto outros estão realizando suas próprias ações, como escolheram, ele pode, não obstante, estar em uma condição conforme com a natureza e viver nela, fazendo apenas o que é seu para que os outros possam estar também em conformidade com a natureza. Pois este é o objetivo sempre proposto pelo homem sábio e bom. É ser o comandante (um pretor) de um exército? Não; mas, se lhe for permitido, seu objetivo é, neste assunto, manter seu próprio princípio dominante. É o casamento? Não, mas, se o casamento lhe for permitido, neste assunto seu objetivo será manter-se em uma condição de conformidade com a natureza. Mas, se ele quisesse que seu filho ou esposa não praticassem o mal, ele faria com que o que pertence ao outro não pertencesse mais ao outro: e ser esclarecido é isso, é aprender o que é próprio de um homem e o que pertence ao outro.

Como, então, sobra algum lugar para lutar (brigar) àquele que tem essa opinião (que ele deveria ter)? Ele pode se surpreender com algo que aconteça e isso pareceria novo para ele? Ele não espera que o que vem do mal seja pior e mais doloroso do que o que realmente acontece a si mesmo? E ele não considera como um ganho puro tudo o que eles (os maus) possam fazer que fique aquém da extrema maldade? Tal pessoa o insultou. Muita gratidão a ela por não ter batido em você. Mas ela também me bateu. Gratidão por não ter ferido você. Mas ela me feriu também. Agradeça muito por não ter matado você. Pois quando, ou em que escola, ele aprendeu que o homem é um animal domesticado, que devemos amar uns aos outros, que um ato de injustiça é um grande dano para quem o pratica. Desde então, ele não aprendeu e nem está convencido disso, por que então ele não seguiria o que seria do seu próprio interesse? Seu vizinho jogou pedras. Você fez algo de errado para isso? Mas algumas coisas da casa foram quebradas. Você é um utensílio da casa? Não, mas uma força de vontade livre. O que, então, é dado a você (para fazer) em resposta a isso? Se você for como um lobo, deve morder de volta e atirar mais pedras. Mas, se você considerar o que é apropriado para um homem, examine seu estoque, veja com que capacidades você veio ao mundo. Você tem a disposição de um animal selvagem, você tem a disposição de vingança por um ferimento causado a você? Quando um cavalo é condenado? Quando ele é privado de suas faculdades naturais, não quando ele não consegue cantar como um galo, mas quando ele não pode mais correr. Quando um cachorro se torna miserável? Não quando ele não pode voar, mas quando ele não pode farejar sua caça. É, então, um homem infeliz também dessa forma, não porque ele não consegue estrangular leões ou erguer uma estátua, pois ele não veio ao mundo com certos poderes da natureza para este fim, mas porque ele perdeu sua probidade e sua fidelidade? As pessoas deveriam encontrar e lamentar por tal homem, pelos infortúnios em que ele caiu; não lamentar o fato dele ter nascido e morrido, mas porque aconteceu de ter perdido as coisas que eram suas, não as que recebeu de seu pai, sua terra e casa, sua estalagem e escravos; pois nenhuma delas é própria do homem, mas pertencem aos outros, são servis e sujeitas à prestação de contas [do grego: *hupeithuna*], em momentos diferentes são dadas a pessoas diferentes por quem as têm em seu poder: mas eu digo as coisas que pertencem a ele como homem, as marcas (selos) em sua mente com as quais veio ao mundo, como as procuramos também nas moedas, que, quando encontradas, as aceitamos, e, se não pudermos encontrar tais marcas, nós as rejeitamos. Qual é a marca desse sestércio? O selo de Trajano. Mostre-o. É o selo de Nero. Jogue fora; não poderá ser aceito, é falsificado. O mesmo ocorre neste caso: qual é a marca de suas opiniões? É a gentileza, um temperamento sociável, tolerante, uma disposição para afeições mútuas. Produza essas qualidades. Eu as aceito: considero este homem um cidadão, aceito-o como vizinho, companheiro nas minhas viagens. Veja apenas se ele não tem o carimbo de Nero. Ele é apaixonado, ele está cheio de ressentimento, ele está apontando os defeitos dos outros? Se o capricho o domina, ele parte a cabeça daqueles que cruzam seu caminho? (Se sim), por que, então, você disse que ele é um homem? Tudo é julgado (determinado) pela forma simples? Se for assim, considere que o modelo fabricado em cera é uma maçã, pois tem o cheiro e o sabor de uma maçã. Mas a imagem externa não é suficiente: nem então o nariz e os olhos são suficientes para fazer o homem, mas ele deve ter as opiniões de um homem. Aqui está alguém que não dá ouvidos à razão, que não sabe quando é refutado: ele é um asno; em outro, o sentimento de vergonha morreu: ele não serve para nada, ele é nada mais do que um homem. Ele procura a quem possa encontrar e chutar ou morder, de modo que nem mesmo seja uma ovelha ou um asno, mas uma espécie de fera.

O quê, então? Você gostaria que eu fosse desprezado? Por quem? Por aqueles que o conhecem? E como aqueles que o conhecem desprezam um homem gentil e modesto? Talvez você queira dizer por aqueles que não o conhecem? O que isso significa para você? Pois nenhum outro artesão se importa com a opinião dos que não conhecem a sua arte. Mas eles serão mais hostis comigo por esse motivo. Por que você diz "comigo"? Pode alguém ferir a sua vontade ou impedir que você use de maneira natural as aparências que se apresentam a você? De maneira nenhuma ele pode. Por que, então, você ainda está perturbado e por que escolhe mostrar o seu medo? E por que você não declara que está em paz com todos, independentemente do que façam, e ri principalmente daqueles que pensam que o podem prejudicar? Esses escravos, você pode dizer, não sabem quem eu sou, nem onde está meu bem ou meu mal, porque eles não têm acesso às coisas que são minhas.

Dessa forma, também aqueles que ocupam uma cidade fortificada zombam dos sitiantes (e dizem): "Que trabalho esses homens estão tendo agora em vão; nosso muro está seguro, temos comida por muito tempo e todos os outros recursos". Essas são as coisas que tornam uma cidade forte e inexpugnável; mas nada além de suas opiniões torna a alma de um homem inexpugnável. Pois que muro é tão forte, ou que corpo é tão duro, ou que posse é tão segura, ou que honra (posição, caráter) tão livre de agressão (como as opiniões de alguém)? Todas as (outras) coisas em todos os lugares são perecíveis, facilmente tomadas de assalto, e, se qualquer homem de alguma forma estiver apegado a elas, ele será incomodado, exceto o que é ruim, ele deve temer, lamentar, encontrar seus desejos desapontados e cair em coisas que ele evitaria. Então, não escolhemos tornar protegido o único meio de segurança que nos é oferecido, e não escolhemos nos afastar daquilo que é perecível e servil e trabalhar nas coisas que são imperecíveis e por natureza gratuitas; e não nos lembramos de que ninguém faz mal ou bem a outro, mas que as opiniões de alguém sobre cada coisa, isso é o que o fere, é o que o subverte; isso é a luta, isso é a discórdia civil, é a guerra? O que fez de Etéocles e Polinices inimigos nada mais foi do que essa opinião que eles tinham sobre o poder real, sua opinião sobre o exílio, de que um é o extremo dos males, e o outro o bem maior. Ora, a natureza de todo homem é buscar o bem e evitar o mal; considere aquele que nos priva de um e nos envolve no outro um inimigo e traiçoeiro, ainda que seja um irmão, ou filho, ou pai. Pois nada é mais semelhante a nós do que o bem; portanto, se essas coisas (externas) são boas e más, nem um pai é amigo de seus filhos, nem um irmão de seus irmãos, mas todo o mundo está em toda parte cheio de inimigos, homens traiçoeiros e bajuladores. Mas se a vontade ([do grego: *proairesis*] o propósito, a intenção), sendo o que deveria ser, é o único bem; e, se a vontade é tal como não deveria ser, é o único mal, onde haverá contenda, onde haverá injúria? Sobre o quê? Sobre as coisas que não nos dizem respeito? E contenda com quem? Com o ignorante, o infeliz, com aqueles que estão enganados sobre as coisas principais?

Lembrando-se disso, Sócrates administrava sua própria casa e suportou uma esposa muito mal-humorada e um filho tolo (ingrato?).

CONTRA AQUELES QUE LAMENTAM POR TEREM SIDO DIGNOS DE PENA. Estou triste, diz alguém, por ter sido digno de pena. Então, o fato de você ter sido objeto de pena é uma coisa que o preocupa, ou aqueles que tiveram pena de você? Bem, está em seu poder parar esse sentimento de pena? Está sob o meu poder, se eu mostrar a eles que não preciso de pena. E então você está na condição de não merecer (exigir) piedade, ou não está nessa condição? Acho que não estou; mas essas pessoas não têm pena de mim pelas coisas que, se devessem ter pena de mim, seriam adequadas, digo, por minhas falhas; mas eles têm pena de mim por minha pobreza, por não possuir cargos de honra, por doenças e mortes e outras coisas semelhantes. Se, então, você está preparado para convencer a maioria que nenhuma dessas coisas é um mal, mas que é possível para um homem que é pobre e não tem um cargo [do grego:

anarchonti] e não goza da honra de ser feliz; ou se exibir para eles como sendo rico e poderoso? Pois a segunda dessas coisas pertence a um homem arrogante, tolo e que não presta para nada. E considere por que meios o fingimento deveria ser sustentado. Seria necessário que você contratasse escravos e possuísse alguns vasos de prata, e os exibisse em público, se possível, embora eles fossem frequentemente os mesmos, e tentassem esconder o fato de que seriam os mesmos, e teriam roupas esplêndidas e todas as outras coisas para exibição, e mostrariam que você é um homem honrado pelos grandes, e tentariam jantar em suas casas, ou teriam que jantar lá, e, quanto à sua pessoa, empregaria algumas artes mesquinhas, para que parecesse mais bonito e mais nobre do que é. Você deve arquitetar essas coisas, se decidir seguir pelo segundo caminho, a fim de não ser digno de pena. Mas o primeiro caminho é impraticável e longo, tentar exatamente o que Zeus não foi capaz de fazer, que é convencer todos os homens de que as coisas são boas e más. Este poder foi dado a você? Isso só é dado a você para convencimento próprio, e nem você se convenceu disso. Então eu lhe pergunto, por que tenta persuadir outros homens? E quem viveu tanto tempo com você como você mesmo? E quem tem tanto poder de convencê-lo quanto você a si mesmo; e quem está mais bem disposto e mais próximo de você do que você de si mesmo? Como, então, você ainda não se convenceu para poder aprender? No momento, as coisas não estão de cabeça para baixo? É isso que você tem feito zelosamente, aprender a ficar livre da tristeza e da perturbação, e não ser humilhado (abjeto), e ser livre? Não ouviu então que só existe um caminho que conduz a este fim: abrir mão (despedir) das coisas que não dependem da vontade, afastar-se delas e admitir que pertencem a outros? Para outro homem, então, ter uma opinião sobre você, de que tipo ela seria? É uma coisa independente da vontade, então não significa nada para você? Não significa nada. Então, quando você ainda está irritado e perturbado com isso, você acha que está convencido sobre o bem e o mal?

SOBRE A LIBERTAÇÃO DO MEDO. O que torna o tirano formidável? Os guardas, você diz, e suas espadas, e os homens que guardam o quarto de dormir, e aqueles que os excluem que querem entrar. Por que, então, se você traz um menino (criança) perante o tirano quando ele está com seus guardas, ele não tem medo; ou é porque a criança não entende essas coisas? Se, então, qualquer homem entende o que são os guardas e que eles têm espadas, e vem até o tirano com um propósito, porque deseja morrer por causa de alguma circunstância, e procura morrer facilmente pelas mãos de outra, ele teria medo dos guardas? Não, porque ele deseja aquilo que torna os guardas formidáveis. Se, então, qualquer um que não deseja morrer nem viver por todos os meios, mas apenas como pode ser permitido, aproxima-se do tirano, o que o impede de se aproximar do tirano sem medo? Nada. Se, então, alguém tem a mesma opinião sobre sua propriedade que aquela tem sobre seu corpo, e também sobre seus filhos e sua esposa, e em uma palavra é tão afetado por alguma loucura ou desespero que não se importa se os possui ou não, mas como crianças que brincam com conchas (brigam) sobre a brincadeira, mas não se preocupam com as conchas, por isso ele também não deu valor aos bens materiais (coisas), mas valoriza o prazer que tem com eles e com a ocupação, que tirano é então formidável para ele, ou que guardas ou que espadas?

O que impede alguém que claramente separou (compreendeu) essas coisas de viver com o coração leve e aguentar facilmente as rédeas, esperar em silêncio tudo o que pode acontecer e suportar o que já aconteceu? Você gostaria que eu suportasse a pobreza? Venha e saberá o que é a pobreza quando encontrar alguém que sabe fazer bem o papel de um homem pobre. Você gostaria que eu possuísse poder? Deixe-me ter poder, e também os problemas que vêm com ele. Bem, e o banimento? Aonde quer que eu vá, estará tudo bem comigo; pois aqui também onde estou não era por causa do lugar que estava tudo bem, mas por causa de minhas opiniões, que devo levar sempre comigo, pois nenhum homem pode me privar delas; mas minhas opiniões são apenas minhas e não podem ser tiradas de mim, e estou satisfeito enquanto as tenho, onde quer que eu esteja e o que quer que esteja fazendo. Mas agora é hora de morrer. Por que você diz morrer? Não faça nenhum *show* trágico disso, mas fale da morte como ela é. Agora é a hora de a matéria (do corpo) ser dissolvida nas coisas de que foi composta. E o que é formidável aqui? O que vai perecer das coisas que estão no universo? Que coisa nova ou maravilhosa vai acontecer? É por isso que um tirano é formidável? É por esta razão que os guardas parecem ter espadas grandes e afiadas? Diga isso aos outros; mas eu tenho pensado sobre todas essas coisas; ninguém tem poder sobre mim. Eu fui libertado; eu conheço seus comandos, ninguém pode agora me conduzir como um escravo. Tenho uma pessoa adequada para fazer valer minha liberdade; tenho juízes adequados. (Eu digo) você não é o mestre do meu corpo? O que, então, significa isso para mim? Você não é o dono da minha propriedade? O que, então, significa isso para mim? Você não é o senhor do meu exílio ou das minhas correntes? Bem, de todas essas coisas e de todo o pobre corpo em si, eu me afasto ao seu comando, quando você quiser. Teste seu poder e saberá até onde ele chega.

A quem, então, ainda posso temer? Aqueles que estão do lado de fora do quarto? Para que eles não façam o quê? Deixar-me para fora? Se eles descobrirem que eu quero entrar, deixem-nos me excluir. Por que, então, você vai até as suas portas? Porque eu acho que cabe a mim, enquanto durar a brincadeira (esporte), entrar nela. Como, então, você não foi trancado para fora? Porque, a menos que alguém me permita entrar, eu não escolho entrar, mas estou sempre contente com o que acontece; pois penso que o que Deus escolhe é melhor do que aquilo que eu escolho. Vou me engajar como seu ministro e seguidor; tenho os mesmos movimentos (buscas) que ele, tenho os mesmos desejos; em uma palavra, tenho a mesma vontade [do grego: *sunthelo*]. Não há como me trancar do lado de fora, mas àqueles que forçariam sua entrada. Por que, então, não forço minha entrada? Porque eu sei que nada de bom é distribuído para aqueles que entram. Mas, quando ouço qualquer homem ser chamado de afortunado porque é homenageado por César, pergunto o que acontece a ele. Uma província (o governo de uma província). Ele também obtém uma opinião honesta como deveria? O cargo de prefeito. Ele também recebe o poder de usar bem sua posição e cargo? Por que ainda me esforço para entrar (na câmara de César)? Alguém distribui figos secos e nozes: as crianças os agarram e lutam entre si; os homens, não, porque eles pensam que essa seria uma questão menor. Mas, se alguém distribuísse conchas, nem mesmo as crianças as agarrariam. As províncias são distribuídas: deixem as crianças cuidar disso. O dinheiro é distribuído: deixem as crianças cuidar disso. Pretoria, consulados, são distribuídos: que as crianças lutem por eles, que sejam excluídas e trancadas para fora, espancadas, que beijem as mãos do doador, dos escravos; mas para mim estes são apenas como os figos secos e nozes. O quê, então? Se você falhar em obtê-los, enquanto César os distribui, não se preocupe; se um figo seco cair em seu colo, pegue-o e coma; pois até agora você pode valorizar até mesmo um figo. Mas, se eu me abaixar e virar algum outro, ou se for derrubado por outro, e lisonjear aqueles que entraram no quarto (de César), nem um figo seco vale a pena, nem qualquer outra coisa que não seja boa, que os filósofos me persuadiram a não pensar bem.

O QUE DEVEMOS DESPREZAR E O QUE DEVEMOS VALORIZAR. As dificuldades de todos os homens são sobre coisas externas, seu desamparo tem a ver com o exterior. O que devo fazer? Como vai ser? Como vai terminar? Isso vai acontecer? Será isso? Todas essas são palavras de quem se volta para coisas que não estão ao alcance de sua vontade. Pois quem diz: "Como não concordarei com o que é falso? Como não me afastarei da verdade?". Se um homem tiver uma disposição tão boa a ponto de ficar ansioso com essas coisas, vou lembrá-lo disto: "Por que você está ansioso? A coisa está em seu próprio poder, tenha certeza; não se precipite em assentir antes de aplicar a regra natural". Em contrapartida, se alguém está ansioso (inquieto) sobre o desejo, para que ele não falhe em seu propósito e perca seu fim, e com respeito à prevenção das coisas, para que ele não caia naquilo que deseja evitar, eu irei primeiro beijá-lo (amar), porque ele joga fora as coisas pelas quais os outros estão agitados (os outros desejam) e seus temores, e emprega seus pensamentos sobre seus próprios assuntos e sua própria condição. Então direi a ele: "Se você não escolher desejar aquilo que não conseguirá obter nem tentar evitar aquilo em que irá cair, não deseje nada que pertença a (que esteja em poder de) outros, nem tente evitar qualquer uma das coisas que não estão em seu poder. Se você não observar esta regra, você deve necessariamente falhar em seus desejos e cair naquilo que você gostaria de evitar". Qual é a dificuldade aqui? Onde há espaço para as palavras? Como vai ser? E como isso vai acabar? E isso vai acontecer, ou aquilo?

Agora, o que vai acontecer não é independente da vontade? Sim. E a natureza do bem e do mal não está nas coisas que estão ao alcance da vontade? Sim. Está em seu poder tratar de acordo com a natureza tudo o que acontece? Qualquer pessoa pode atrapalhar você? Ninguém. Então não me diga mais "Como vai ser?". Pois, seja como for, você tratará disso muito bem, e o resultado para você será feliz. O que Hércules seria se tivesse dito: "Como não me aparecerá um grande leão, ou um grande javali, ou um homem selvagem?". E você se importa com isso? Se um grande javali aparecer, você lutará uma batalha maior; se homens maus aparecerem, você livrará a terra dos maus. Suponha, então, que eu perca minha vida dessa maneira. Você morrerá como um bom homem, fazendo um ato nobre. Pois, uma vez que ele certamente deve morrer, necessariamente um homem deve ser encontrado fazendo algo, seja seguindo as atividades de um lavrador, ou cavando, ou negociando, ou servindo em um consulado, ou sofrendo de indigestão ou diarreia. O que, então, você deseja estar fazendo quando for encontrado pela morte? Eu, de minha parte, gostaria de ser encontrado fazendo algo que pertence a um homem, benéfico, adequado ao interesse geral, nobre. Mas, se não puder ser encontrado fazendo coisas tão grandiosas, seria encontrado fazendo pelo menos o que não posso ser impedido de fazer, o que me é permitido fazer, corrigindo-me, cultivando a faculdade que faz uso das aparências, trabalhando com liberdade dos afetos (trabalhando com tranquilidade mental); prestando às relações da vida o que lhes é devido. Se eu tiver sucesso até agora, também (eu seria encontrado) tocando (avançando para) o terceiro tópico (ou cabeça) a segurança na formação de julgamentos sobre as coisas. Se a morte me surpreende quando estou ocupado com esses assuntos, é suficiente para mim estender minhas mãos a Deus e dizer: "Os meios que recebi de ti para ver tua administração (do mundo) e segui-la eu não negligenciei; não te desonrei com meus atos; veja como usei minhas percepções, veja como usei minhas preconcepções; alguma vez te culpei? Fiquei descontente com qualquer coisa que acontecesse ou desejei que fosse de outra forma? Desejei transgredir as relações (estabelecidas das coisas)? Que me deste a vida, agradeço o que me deste. Enquanto eu tiver usado as coisas que são tuas, estou contente. Leve-as de volta e as coloque onde quer que você possa escolher, porque Tuas eram todas as coisas, Tu as deste a mim". Não é suficiente partir neste estado de espírito? E que vida é melhor e mais apropriada do que a de um homem neste estado de espírito? E que fim é o mais feliz?

SOBRE A PUREZA (LIMPEZA). Algumas pessoas questionam se o sentimento social está contido na natureza do homem; e, no entanto, penso que essas mesmas pessoas não teriam dúvida de que o amor à pureza certamente está contido nela, e que, se o homem se distingue dos outros animais por alguma coisa, ele se distingue por isso. Quando, então, vemos qualquer outro animal se limpar, costumamos falar do ato com surpresa e acrescentar que o animal está agindo como um homem; em contrapartida, se um homem acusa um animal de ser sujo, imediatamente, como se estivéssemos dando uma desculpa para isso, dizemos que é claro que o animal não é uma criatura humana. Portanto, supomos que haja algo superior no homem e que primeiro o recebamos dos deuses. Pois, uma vez que os deuses, por sua natureza, são puros e livres de corrupção, na medida em que os homens se aproximam deles pela razão, eles se apegam à pureza e ao amor (hábito) da pureza. Mas, visto que é impossível que a natureza do homem [do grego: *ousia*] possa ser totalmente pura, sendo misturada (composta) de tais materiais, a razão é aplicada, tanto quanto possível, e a razão se esforça para fazer a natureza humana amar a pureza.

A primeira e mais elevada pureza é aquela que está na alma; e dizemos o mesmo da impureza. Agora você não poderia descobrir a impureza da alma como poderia descobrir a do corpo; mas, quanto à alma, o que mais você poderia encontrar nela do que aquilo que a torna imunda em relação aos atos que são dela? Agora, os atos da alma são movimentos em direção a um objeto ou movimentos a partir dele, desejo, aversão, preparação, desígnio (propósito), assentimento. O que é, então, que nestes atos torna a alma suja e impura? Nada mais do que seus próprios julgamentos ruins [do grego: *chrimata*]. Consequentemente, a impureza da alma são as opiniões ruins da alma; e a sua purificação é o plantio de opiniões adequadas; e é pura a alma que tem opiniões adequadas, pois ela sozinha em seus próprios atos está livre de perturbação e poluição.

Pois não devemos nem mesmo pela aparência do corpo dissuadir a multidão da filosofia; mas, como em outras coisas, um filósofo deve mostrar-se alegre e tranquilo, o mesmo se deve fazer nas coisas que dizem respeito ao corpo. Vejam vocês, homens, que nada tenho, que nada quero; vejam como estou sem casa e sem cidade e sem exílio, se é que estou, e sem lar, vivo mais livre de problemas e mais feliz do que todos os nobres de nascimento e do que os ricos. Mas olhem para o meu pobre corpo também e observem que ele não é prejudicado pelo meu modo de vida difícil. Mas, se alguém me diz isso, que tem a aparência (vestimenta) e o rosto de um homem condenado, que deus me persuadirá a me aproximar da filosofia, se ela transforma os homens em tais pessoas?

Longe disso; eu não escolheria fazer isso, mesmo que me tornasse um homem sábio. Na verdade, prefiro que um jovem, que está fazendo seus primeiros movimentos em direção à filosofia, venha a mim com o cabelo cuidadosamente aparado a que esteja sujo e desgrenhado, pois se vê nele uma certa noção (aparência) de beleza e um desejo (tentativa de) daquilo que está se tornando; e onde ele supõe que seja, ali também ele se esforça para que seja. Basta mostrar a ele (o que é) e dizer: "Meu jovem, você busca a beleza e o faz bem; você deve saber, então, que ela cresce (é produzida) naquela parte de você onde está a faculdade racional; procure-a lá onde você tem os movimentos em direção às coisas e os movimentos das coisas, onde você tem os desejos e a aversão das coisas; pois isso é o que você tem em você de uma espécie superior; mas o pobre corpo é naturalmente apenas terra; por que você trabalha nisso sem propósito? Se você não aprender mais nada, aprenderá com o tempo que o corpo não é nada. Mas, se um homem vem a mim coberto de excrementos, sujo, com um bigode até os joelhos, o que posso dizer a ele, por qual tipo de semelhança posso induzi-lo? Pois em que se ocupou ele que se assemelha à beleza, para que eu possa mudá-lo e dizer: "A beleza não está nisso, mas naquilo"? Quer que eu diga a ele que a beleza não consiste em ser manchado de sujeira, mas que está na parte racional? Ele tem algum desejo de beleza? Ele tem alguma forma dela em sua mente? Vá falar com um porco e diga a ele para não rolar na lama.

SOBRE A ATENÇÃO. Quando você tiver desviado sua atenção por um curto período de tempo, não imagine isso, que você a recuperará quando quiser; mas que este pensamento esteja presente para você, que em consequência da falha cometida hoje seus negócios devem estar em uma condição pior por tudo o que se segue. Pois, em primeiro lugar, e o que causa mais problemas, um hábito de não comparecer é formado em você; então, o hábito de adiar sua atenção. E continuamente, de vez em quando, você afasta pelo adiamento a felicidade da vida, o comportamento adequado, o ser e viver em conformidade com a natureza. Se, então, a procrastinação da atenção é lucrativa, a omissão completa da atenção é mais lucrativa; mas, se não é lucrativo, por que você não mantém sua atenção constante? Hoje escolho jogar. Pois bem, não deveria brincar com atenção? Eu escolho cantar. O que, então, o impede de fazer isso com atenção? Existe alguma parte da vida à qual a atenção não se estende? Pois você fará (qualquer coisa na vida) pior, usando a atenção, e melhor, não prestando atenção? E o que mais das coisas da vida é feito melhor por aqueles que não usam a atenção? Quem trabalha com madeira trabalha melhor não cuidando dela? O capitão de um navio administra melhor não comparecendo? E algum dos atos menores é realizado melhor por desatenção? Você não vê que, quando você deixa sua mente solta, não está mais em seu poder relembrá-la, seja para o decoro, seja para a modéstia, ou para a moderação; mas você faz tudo o que vem à sua mente em obediência às suas inclinações.

Em primeiro lugar, devemos ter essas (regras) prontas e não fazer nada sem elas, e devemos manter a alma dirigida a esta marca, não buscar nada externo, e nada que pertença a outros (ou esteja em poder de outros), mas, para fazer como ele designou quem tem o poder, devemos buscar todas as coisas que estão no poder da vontade, e todas as outras coisas como é permitido. Além disso, devemos lembrar quem somos, e qual é o nosso nome, e nos esforçar para direcionar nossos deveres para o caráter (natureza) de nossas várias relações (na vida) desta maneira: qual é a época para cantar, qual a época para os jogos, e na presença de quem; qual será a consequência do ato; se nossos companheiros nos desprezarão, se os desprezaremos; quando zombar [do grego: *schopsai*], e a quem ridicularizar; e em que ocasião cumprir e com quem; e, finalmente, em obedecer como manter nosso próprio caráter. Mas, onde quer que você tenha se desviado de qualquer uma dessas regras, haverá dano imediato, não de qualquer coisa externa, mas da própria ação.

O quê, então? É possível estar livre de falhas (se você fizer tudo isso)? Não é possível; mas isto é possível: direcionar seus esforços incessantemente para ser perfeito. Pois devemos nos contentar em nunca remeter essa atenção, pelo menos escaparemos de alguns erros. Mas agora, quando você disse "Amanhã começarei a comparecer", deve ser informado de que está dizendo isto: "Hoje serei desavergonhado, indiferente ao tempo e ao lugar, mesquinho"; "Estará nas mãos de outros me causar dor"; "Hoje vou ser apaixonado e invejoso". Veja quantas coisas más você está se permitindo fazer. Se é bom usar a atenção amanhã, quão melhor é fazê-lo hoje? Se amanhã é do seu interesse comparecer, muito mais será hoje, para que o possa fazer amanhã também, e não pode adiar novamente para o terceiro dia.

CONTRA OU A FAVOR DAQUELES QUE PRONTAMENTE FALAM DOS SEUS PRÓPRIOS NEGÓCIOS. Quando um homem nos parece ter falado com simplicidade (franqueza) sobre os seus próprios negócios, como é que, finalmente, somos induzidos também a revelar para ele os nossos próprios segredos e achamos que este é um comportamento sincero? Em primeiro lugar, porque parece injusto para um homem ter ouvido os assuntos do seu próximo e não comunicar a ele também os nossos próprios assuntos; a seguir, porque pensamos que não lhes apresentaremos a aparência de homens honestos quando nos calarmos sobre nossos próprios assuntos. Na verdade, os homens costumam dizer: "Eu lhe contei todos os meus negócios, você não vai me contar nada sobre você? Onde isso é feito?". Além disso, também temos a opinião de que podemos confiar com segurança naquele que já nos contou seus próprios negócios; pois surge em nossa mente a noção de que este homem nunca poderia divulgar nossos negócios, porque ele seria cauteloso para que também não divulgássemos os dele. Assim também os incautos são capturados pelos soldados em Roma. Um soldado senta-se ao seu lado com uma roupa comum e começa a falar mal de César; então você, como se tivesse recebido um juramento de fidelidade por ele ter começado o abuso, também se pronuncia com o que pensa, e então é levado acorrentado.

Algo desse tipo também acontece conosco em geral. Agora que este homem confiantemente apresentou seus negócios a mim, devo fazê-lo também a qualquer homem que eu encontrar? (Não), pois, quando ouço, guardo silêncio, se tenho tal disposição; mas ele sai e conta a todos os homens o que ouviu. Então, se eu ouvir o que foi feito, se eu for um homem como ele, decido me vingar, divulgo o que ele me disse; eu perturbo os outros e também estou perturbado. Mas, se eu me lembrar de que um homem não prejudica outro, e que os atos de cada homem o prejudicam e o beneficiam, asseguro que não faço nada como ele, mas ainda sofro o que sofro por meio de minha própria conversa tola.

É verdade, mas é injusto quando você já ouviu os segredos do seu vizinho para você, por sua vez, não comunicar nada a ele. Eu lhe perguntei sobre seus segredos, meu caro? Comunicou os seus negócios em certos termos, para que, em troca, ouvisse também os meus? Se você é um tagarela e pensa que todos os que o encontram são amigos, gostaria que eu também fosse como você? Mas por que, se você fez bem em confiar seus negócios a mim, e não é bom eu confiar os meus a você, deseja que eu seja tão precipitado? É a mesma coisa como se eu tivesse um barril que fosse à prova d'água, e você tivesse um com um buraco nele, e você viesse e deixasse comigo o seu vinho para que eu o colocasse no meu barril, e então reclamasse que também não lhe confiei o meu vinho, porque você tem um barril com um buraco no meio. Como, então, existe igualdade aqui? Você confiou seus negócios a um homem que é fiel e modesto, a um homem que pensa que suas próprias ações são prejudiciais e (ou) úteis, e que nada externo é. Quer que eu confie os meus a você, um homem que desonrou sua própria faculdade de vontade e que deseja ganhar algum dinheiro ou algum cargo ou promoção na corte (palácio do imperador), mesmo que você devesse ir para assassinar seus próprios filhos, como Medeia? Onde (em que) está essa igualdade (justiça)? Mas mostre-se a mim para ser fiel, modesto e firme; mostre-me que você tem opiniões amigáveis; mostre que seu barril não tem um furo; e você verá como não esperarei que você confie em mim para seus próprios assuntos, mas eu mesmo irei até você e pedirei que ouça os meus. Pois quem não opta por fazer uso de um bom vaso? Quem não valoriza um conselheiro benevolente e fiel? Quem não aceitará de bom grado um homem que está pronto para assumir uma parte, como podemos dizer, da dificuldade de suas circunstâncias e, por meio desse mesmo ato, aliviar o fardo, participando dele.